ナオキマンのヤバい人類支配の秘密

n Show

支配の秘密とは？

はいみなさんこんにちは〜。

ＮａｏｋｉｍａｎＳｈｏｗのナオキマンです。

僕はＹｏｕｔｕｂｅで都市伝説や陰謀論、世界のミステリー、スピリチュアルについての動画を配信しているＹｏｕＴｕｂｅｒです。

『ナオキマンのヤバい世界の秘密』『ナオキマンのヤバい日本の秘密』に続く書籍第3弾の今回のテーマは、『人類支配』！「支配」って、なんか怖いですよね。それに自分とは違う遠い世界の話のように聞こえるかもしれません。

今の世の中、日本で生きていて、何かを強制されたり、強要されたりすることはないって思っているかもしれません。自分は自分の意志で自由に生きていると思っている人も多いのではないでしょうか。

でも僕たち人間は、電波も届かないような世界の果てで誰とも関わらずに引きこもっているような人じゃない限り、必ず〝誰か〟や〝何か〟に影響を受けて生きています。

その影響がポジティブなものならいいのですが、もしネガティブなものだったら。知らず知らずのうちに、〝誰か〟や〝何か〟に操られているとしたら……。

2020年、新型コロナウイルスのパンデミックという異常事態が世界を呑み込みました。混乱は今も続き、みなさんの生活も大幅に変わりましたよね。自粛によって閉鎖的な生活が強いられ、人と接する機会が減り、見えないウイルスに

Introduction ヤバい人類

怯えながら生きる日々。

新型コロナによるパンデミックについては、いろいろな都市伝説や陰謀論が飛び交っていますが、世界中で多数の感染者、死亡者が出ていることは事実です。こうした「恐怖」が世界中を覆っているとき、世界規模で大きな変化があるときは、心の隙間につけ込もうとする動きが活発化することはこれまでの歴史が証明しています。

今はもう「過去のこと」のように感じている人も多いかもしれませんが、トランプ前大統領とバイデン大統領が争ったアメリカ大統領選挙の陰謀論も世界の混乱が表すものでした。

これまで僕が語ってきた都市伝説や陰謀論の世界が、新聞やテレビ、ネットのニュースで、現実に起きたこととして取り上げられるようになったことに僕自身も驚いています。

毎日ニュースやSNSから流れてくる情報、これもある意味ではマインドコントロールや洗脳の道具になります。パンデミックや米大統領選挙のカオスな情報でみんなの不安を煽って、その隙に思うように操ろうとしている誰かがいると考えると、世界で起きていることの点と線がつながる可能性はありますよね。

これまでにないことが起きて、世界が大きく変化し続けている今、大切なのは世界の裏側を知ること。この本を読むことで、この世界の真実、ヤバい秘密を一緒に読み解いていきましょう。

Naokiman Show

CONTENTS

ナオキマンの ヤバい人類支配の秘密

Naokiman Show

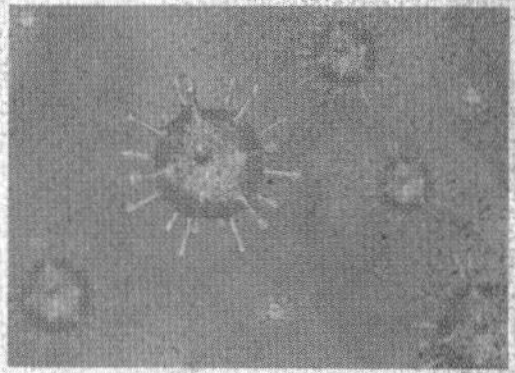

Chapter★4 人心がつくり出すヤバい集団心理 70

Chapter★5 人心に影響を与えるヤバい人物 86

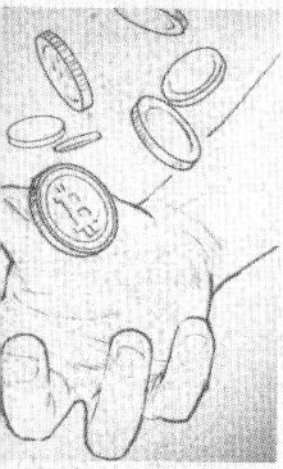

スペシャル対談

ナオキマン×新田真剣佑
ヤバい秘密の話

ナオキマンに直接DMを送るほど「『Naokiman Show』が好きすぎる」若手人気俳優、新田真剣佑。
アメリカで生まれ育ったという共通点もある２人の、都市伝説、陰謀論、スピリチュアルにまつわる「ヤバい秘密の話」対談をお届けする。

「入りはナオキマン」
新田真剣佑と都市伝説

新田　実はYouTubeを見るきっかけになったのが『NaokimanShow』なんですよ。もちろんこれまでの動画は全部見ましたし、昨日も新作がアップされていて、「上がってる！」って（笑）。

ナオキマン　マジですか！　うれしいですね。真剣佑さんが都市伝説に興味を持ったきっかけは？

新田　入りは『NaokimanShow』です（笑）。子どもの頃から幽体離脱をしていたというのは関係あるかな？　寝ている自分の姿を部屋の隅で見てる感じなんですけど、「あ、俺が寝てる」って。そういうのないですか？

ナオキマン　僕はないんですよね。霊感もない。

新田　幽体離脱って何なんですか？　ナオキマンさん的に。

ナオキマン　僕的には、肉体と魂はそれぞれ別のもので、ぶっ飛んだ話ですけど、寝ているときは、魂だけが別の次元に行ってるんじゃないかと思ってます。

新田　……なるほど？　よくわからないけどすごい（笑）。あ、話全然変わりますけど、月の周りを飛んでいる三つの物体、あれって何なんですか？

ナオキマン　よく撮影されるやつですよね？　それめちゃめちゃ話が長くなるやつです（笑）。

新田　今日はめちゃめちゃ聞きたいことがたくさんあって、昨日から楽しみにしていました。

アメリカ育ちの2人も注目 大統領選と陰謀論

ナオキマン　真剣佑さんはアメリカ生まれなんですよね？

新田　アメリカで生まれて、17歳までアメリカにいました。

ナオキマン　僕もまったく一緒です。アメリカといえば、大統領選挙が話題になりましたけど、やっぱり気になりますよね。

新田　すごく気になります。実はいろいろ情報は入ってきてるんですけど（笑）、トランプがラジオを使って何かいうとか、停電が起きるとか。アメリカで育っている分、選挙も身近に感じていて、どうなっちゃうんだろうって、毎日考えていました。

ナオキマン　大統領選の話は、フェイクニュースがめちゃめちゃ多いんですよね。だから「これが真実」というのは難しいんですけど、メディアの報道に偏りがあったのは事実ですよね。

新田　そうですよね。だってあの自由の国アメリカが、大統領のTwitterアカウントをブロックするとかありえないですよ。

ナオキマン　彼のツイートが原因

で襲撃が起きたとか、全文読んでもそんな言葉はないんですよね。メディアが「自分たちの見せたいものしか見せない」のは感じました。

新田　特に日本はそういう傾向にあるかもしれませんね。

ナオキマン　それ感じます？　アメリカ生まれの真剣佑さんとはその話をしたいと思っていたんです。僕は子どもの頃から日本の文化に憧れていたんですけど、日本に来てみて違和感を覚えることもあったんですよね。

新田　まったく同じです。日本に来て一番驚いたのは、人と違ってはいけないという圧力。アメリカでは自己主張しないと話を聞いてもらえない。そういう文化の違いで、みんながこう思ってるからこう思わなきゃいけない、違うことをいうと白い目で見られるみたいなのは感じました。

ナオキマン　出る杭《くい》は打たれるみたいな。でもその違いを知ることができたのもアメリカ、日本の良さを知ったからともいえるんですよね。いろんな価値観を養えたことは親に感謝しています。

新田　たしかに。

ナオキマン　ただ、最近はトランプ批判一辺倒のメディアに疑問を持つツイートが増えたり、日本でも〝気づいている〟人が増えてきた印象もあります。

陰謀論には〝ロマン〟がない？ モチベを上げるスピ系の魅力

新田　大統領選挙にしてもコロナにしても、陰謀論がたくさんありますよね。僕はできるだけ真実を知りたいいんですけど。

ナオキマン　陰謀論も都市伝説も突き詰めると、ロマンがあんまりないんですよね。フェイクニュース、ガセネタ、ウソがたくさんある。調べたら一人の人の思い込みだったり、フェイク画像、動画を信じているだけだったり。

新田　そうか。ロマンを求めている人には残念な事実ですね。

ナオキマン　スピリチュアルとか宇宙人とかの話の方が夢がありますよね。個人的には、陰謀論より夢があって、モチベが上がるスピ系の方が好きです(笑)。

新田　僕も大好きです。昨日も『NaokimanShow』のスピリチュアル系の動画をセレクトして見ていました(笑)。

ナオキマン　僕がYouTubeを始めた理由が、日本人に現代の科学で説明できない不思議な現象、スピリチュアルな世界にもっと興味を持ってほしいということだったんですよね。日本だと「それって、宗教でしょ?」みたいなのあるじゃないですか。

新田　アメリカ人は、騒ぐけど受け入れますよね。単純ともいえるかもしれませんけど(笑)、「こん

なことあり得ない」っていう前に素直に驚いてる。

真実にたどり着いたら人間はどうなってしまう？

ナオキマン　僕、小さい頃から「なぜすべてが存在しているのか」みたいなことを考えてきたんですよ。

新田　僕もめっちゃ考えます。

ナオキマン　そういうことを考え続けていると、一定のところでめちゃめちゃ怖くならないですか？　だってもうおかしいじゃないですか。そもそも存在するとか存在しないとか何なのか。

新田　そうなんですよ。僕が見ているみなさんは実は存在しなくて、自分だけが上から誰かに見られている感覚があったり。

ナオキマン　今も量子力学的には真剣佑さんの後ろには、何もない。自分が認識しているものしか具現化していないという考えがある。

新田　なるほど。じゃあそこは真っ黒なんですね。僕が見てる世界しかない。

ナオキマン　自分の存在とか、この世界の意味とかを考えていると、脳が爆発しそうになりますよね。過去にはこの謎を解いた人がいたそうなんですけど、その人どうなったと思いますか？

新田　死んじゃうと思います。

ナオキマン　窒息死するんですよ。

新田　窒息死……。

ナオキマン　人間の脳に「それ以上知ってはいけない」というロックがかかっていて、その先を知ろうとすると、肉体が耐え切れなくなって窒息死するらしい。だからあまり深く考えすぎない。

新田　怖いですね。でも僕、いつか解けそうな気がします（笑）。

ナオキマン　いつか解けそう（笑）。

ナオキマン Naokiman Show

都市伝説、ミステリー、陰謀論、スピリチュアルなど、解き明かされていない謎をテーマに配信する、大人気 YouTuber。クオリティの高い動画と、わかりやすい語り口で、チャンネル登録者は 150 万人を超える。

新田真剣佑 Arata Mackenyu

1996 年生まれ、米国・ロサンゼルス出身。2014 年より日本で芸能活動スタート。ドラマや映画、舞台で活躍する若手人気俳優。2017 年、第 40 回 日本アカデミー賞新人俳優賞を受賞。父は俳優・千葉真一。

今って、いろいろな情報があって、真実が何かわかりづらい時代だと思うんですけど、何か心がけていることはありますか？

新田　自分が見たものしか信じない。自分が信じたものしか信じないってことですかね。

ナオキマン　いいですね。さっきも言いましたけど、世界には自分に見えているものしか存在しない。そう考えると自分で見て、考えて、選ぶことが大切ですよね。

新田　僕たちの知らないことはたくさんあるし、想像もつかないこともいっぱいあると思うんですけど、いろいろ知るのが楽しい。せっかく地球に生まれたんだからもっといろいろ知りたいです。

ナオキマン　他に何か気になることありますか？　そろそろ時間みたいです。

新田　え？　まだ5分くらいしかたってませんよね？（笑）めちゃくちゃ楽しい。やっぱり、月の周りに飛んでる物体が何なのかはどうしても知りたいです。

ヤバい世界の禁断の扉？

最近のニュースを見ていると、これまで**都市伝説や陰謀論扱いだったことが、どんどん現実になっている印象**を受けませんか？　これまでも多くの人に見えていないだけで、世界はヤバいことだらけだったのですが、そのヤバさがいよいよみんなにも見えるかたちで一気に噴き出してきた感じです。

ありふれた風邪を引き起こすコロナウイルスの一種である**新型コロナウイルス（COVID-19）は一体なぜ今、世界的な流行を引き起こしたのか？**　そのまっただ中に行われたアメリカの大統領選はなぜあんなに混乱に満ちた選挙になったのか？

「世界の警察」としての力を失いつつある覇権国・アメリカと、新たな覇権国を目指す中国、世界情勢に大きな影響を与える**二国が発端となってウイルスと大統領選挙、二つのことが複雑に絡み合いながら蠢《うごめ》いている……。**

世界の裏側で起きている真実の一端を探りにいきましょう。

Prologue パンデミックは

Topic 1

世界はヤバいことだらけ

新型コロナウイルス、米大統領選、ディープステート、インフォデミック……

2020年、緊急事態宣言によって街から人が消えた……。世界各地に異変をもたらした新型コロナウイルスは本当に自然発生したウイルスなのか？ 同時期に行われた米大統領選との関係性は？ これらのニュースをめぐるメディアの報道は正しいのか？ すべてを陰謀論に結びつけるのは危険だが、世界を一変させる大きな変化が起きたことだけは事実だ

ヤバい世界が可視化された

コロナ禍を経て変わったことありますか？ ってよく聞かれるんですけど、ＹｏｕＴｕｂｅｒにそんなに大きな変化ってないんですよね。でも、自分の周りが変わったのはすごく実感しています。**パンデミックや大統領選があって、〝目覚める人〟が増えたという感覚があります。**自分にも関係のある、ショッキングな出来事が起きたからだと思うんですけど、政府の発表や専門家の発言、メディアで流れる「事実っぽい」ニュースを無条件に受け入れるのではなく、自分なりに検証したり、調べたりする人が明らかに増えました。

これまでほとんどの人が気づいていなかったから、「なかったこと」にされていたさまざまな陰謀やおかしな政策、「誰かの作為」が可視化されるようになってきました。

パンデミック発生は偶然？世の中の動向に目を凝らすと

　直径わずか100ナノメートル前後、肉眼ではもちろん見えず、高倍率の電子顕微鏡でようやく姿が確認できる極小のウイルスによって、世界は大混乱に陥っています。

　鉄道技術や航空技術、車の進化などで人やモノの移動が容易になり、世界がより狭くなってから人類が初めて経験するパンデミックは、社会から隔絶された場所以外の景色や生活を一変させました。生活習慣の激変を求められ、適応するのに苦労している人、毎日感染者数、重症者数、死者数が発表され、悲観的な気持ちになっている人、長引く自粛生活に疲れている人も多くいるでしょう。

　世界が楽しみにしていた東京オリンピックも史上初の1年延期が決まりました。1980年代の漫画作品でアニメ映画も制作された『AKIRA』の作中で、翌年にオリンピック開催を控えた2019年のネオ東京の風景があり、オリンピックの中止やウイルスの蔓延《まんえん》を示唆する描写があることが「予言」として話題になりました。予言かどうかはさておき、漫画や小説、フィクションの世界の中のことが現実化する未来がやってきたといえそうです。

　今まで、都市伝説、陰謀論といわれ、信憑《しんぴょう》性が薄いとされてきたことよりもよほどウソみたいなことが現実になりつつある。そのことを目の当たりにして、この世界に違和感を覚え始めた人が増えているのです。

　果たして、**2020年から2021年の間に世界で起きたさまざまな出来事は偶然起きたことなのでしょうか？**　真実は誰にもわかりませんが、世の中の動向を追うことで、そのヒントに気づくことができます。

Topic 2

新型コロナのパンデミックは仕組まれた？

ペスト、天然痘、インフルエンザとの相違点

これまでいくつもの感染症と戦ってきた人類。その戦いの中でウイルスや細菌が人体に影響を及ぼすメカニズムの解析が進んだ。同時にウイルスや細菌を人為的に変化させる禁断の技術も理論上は可能になった？

人類と感染症の戦いは必然なのか？

歴史を振り返ると、人類はこれまで何度も未知のウイルスや細菌によるパンデミックと戦ってきました。14世紀に蔓延し、当時は黒死病と呼ばれていたペストは、**推計5000万人の命を奪いました。この数字は、当時の世界人口の4分の1**といいますから、やっぱり感染症って恐ろしいですよね。**人類が唯一根絶した天然痘、1910年代の終わりに流行したスペイン風邪でも地球規模で多数の死者**が出ていて、人類とパンデミックとの戦いは宿命のように思えますが、果たして今回のパンデミックは偶然起こったのか？　はたまた、何者かによって意図的に起こされたものなのか？

いまだ正体が把握できていない新型コロナウイルスの正体をめぐるいくつかの仮説は、この本の中でも紹介していきます。

紀元前430年から続く感染症の脅威

記録に残っている範囲でもっとも古い感染症流行の例は、**紀元前430年にギリシャ・アテナイで起きた「アテナイの疫病」**で、当時の地中海世界を二分したペロポネソス戦争の勝敗に影響を与えるほどの犠牲者が出ました。

ヨーロッパ一帯に強大な帝国を築いたローマ帝国も、兵士の遠征が広範にわたればわたるほど未知の疫病との接触リスクが高まり、**天然痘と思われる疫病で、ある都市の人口の3分の1を失ったという記録もあるそうです。**

16世紀にスペインに征服された**インカ帝国は、スペインの武力ではなく、スペイン人がもたらした天然痘で滅びたといわれるほどの犠牲者を出しています。**

幾度となく大流行を起こした**ペストは、**モンゴル軍の侵攻からヨーロッパ世界に広がり、ヨーロッパ各国に致命的なダメージを負わせただけでなく、**モンゴル帝国自身が瓦解するきっかけとなったまさに人類の敵でした。**

1918年に発生した「スペイン風邪」は、今回のパンデミックと比較されますが、発生源はスペインではありません。**第一次世界大戦の中立国だったスペインでは報道規制がなかったため、感染のニュースが広まり、結果としてスペイン風邪という名前がついたそうです。**人々の恐怖が生むデマの例としても有名です。

こうした歴史を見ると、今回のパンデミックも避けられなかったと思えます。しかし、ウイルスによるパンデミックの脅威を十分に知っている人類は、ひとたびそれが起きれば、世界に混乱が起きることも知っています。**ウイルス学者の中には、人為的変異ウイルスの作成は、技術的には可能とする人もいるのです。**

Topic 3

終息後の世界はどうなる？

世界の大混乱がもたらすグレートリセット

パンデミックによって、世界中で働き方改革が起きている。特に日本では、これまでなかなか進まなかったリモートワークの導入が急激に進んだ。さらにはビデオ会議、旅行先で働くワーケーションなど、これまでの日本の会社では考えられなかった働き方の多様化が起きている

このまま世界は変わってしまうのか？

新型コロナウイルスの出現により世界はこれまで以上の変化を遂げています。今までは、新しい生き方を模索する人や企業と、昔の生き方に固執してなかなか変化できない人、企業に分けられていましたが、今回のパンデミックですべての人が強制的に新たな生き方を求められるようになりました。

「環境にもっとも適したものが生き残る」。進化論を発表したダーウィンの言葉とも、そうじゃないともいわれているこの言葉が表す適者生存の法則がまさに働いているんでしょうか。緊急事態によって**「とりあえず」変わった現在の世界は、ウイルスの終息で元に戻るのでしょうか？　それともこのまま変化し続けるのでしょうか？**

パンデミック後に訪れる社会を予測していきたいと思います。

日本人の働き方、お金に対する価値観にも変化が

コロナ禍以前、日本では朝起きたら通勤して、オフィスに出社して働くのが当たり前で、そこにいる時間をタイムカードに記録することに何の疑問も抱きませんでした。

ところが、感染を抑える目的でできるだけ人と接触しないことが推奨されると、それぞれの**自宅で仕事をこなすリモートワークが急激に一般的になりました**。これまでみんなで集まっていた会議も**ビデオ会議になり**、**職種によっては出社しなくても不都合がない**ことが証明されたのです。とはいえ、飲食店などのサービス業、介護・医療従事者など人と接しなければ仕事にならない業種もあり、これを機にすべてのオフィスが撤廃されるということはないと思いますが、**家賃の高い都心では**、**オフィスビルからの転居**が相次いでいると聞きます。

新型コロナウイルスとしばらくは付き合っていくWithコロナなのか、コロナを経験した後に訪れるアフター・コロナなのかはわかりませんが、直接ウイルスと関係ないところでも変化が起きつつあります。自粛生活で人間の活動が減ったことで**排気ガスや二酸化炭素が削減され**、**自然環境が改善された**こと、そもそも必要のない移動、消費を避けることで、お金に対する価値観が変わった人も増えています。

お金をたくさん稼いだり、みんなが欲しがる高級ブランドのものを買うのではなく、**どこで、どんな原材料で、どんな製作過程でつくられたかの**、**中身の部分を重視して製品を選ぶ**ようになった人もいます。

コロナ後の未来は、まだまだ不透明ですが、以前より少しだけみんなが誰かのことを考える社会になっていくかもしれません。

新型コロナウイルスは
どこで生まれたのか？

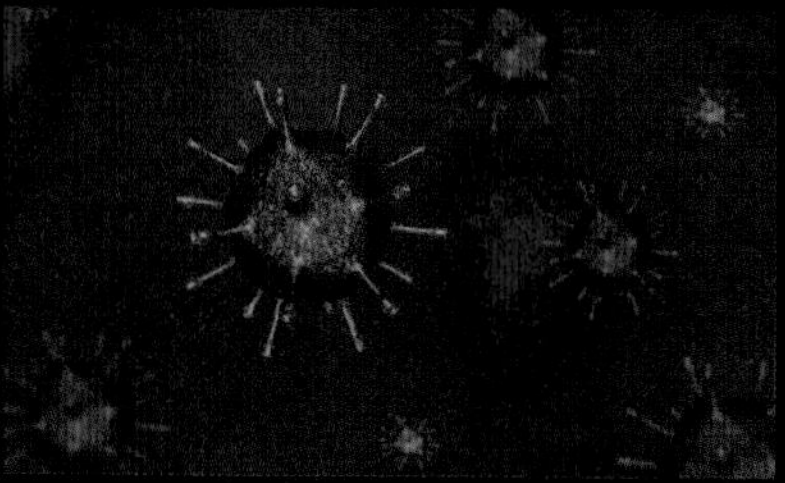

をめぐる

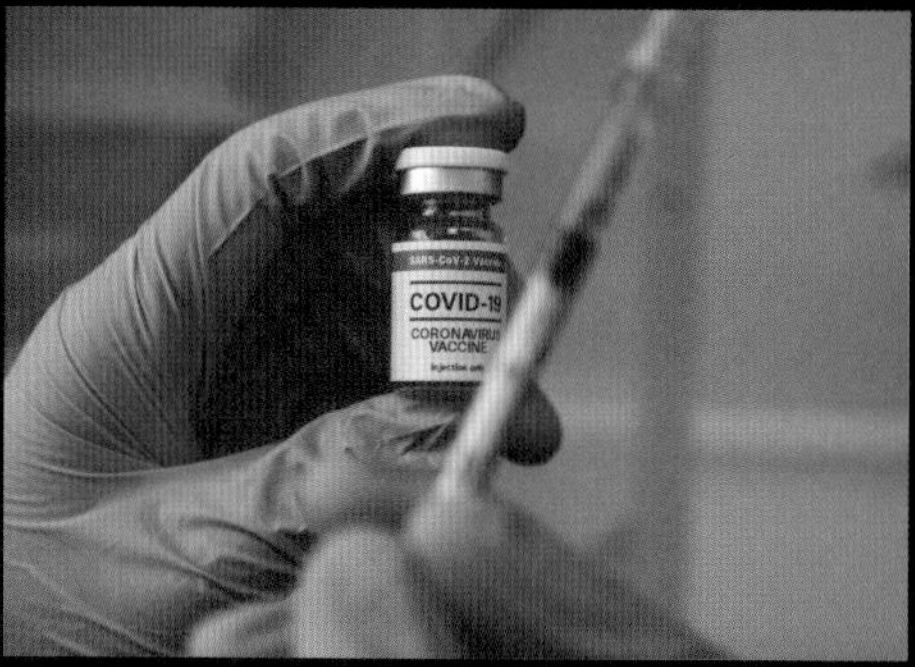

すでにわかっていた
未知のウイルスの
脅威

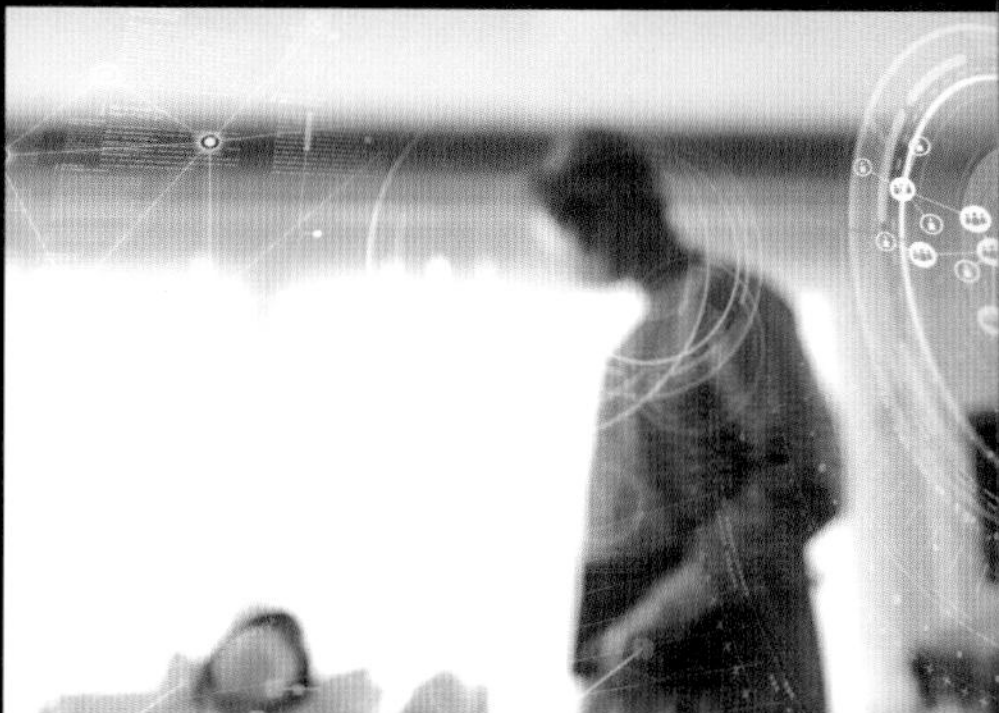

一人も
取り残さない
持続可能な世界
の実現

中国・武漢で
行われていたこと

Chapter 1

パンデミック ヤバい秘密

世界の覇権を争う2国の思惑

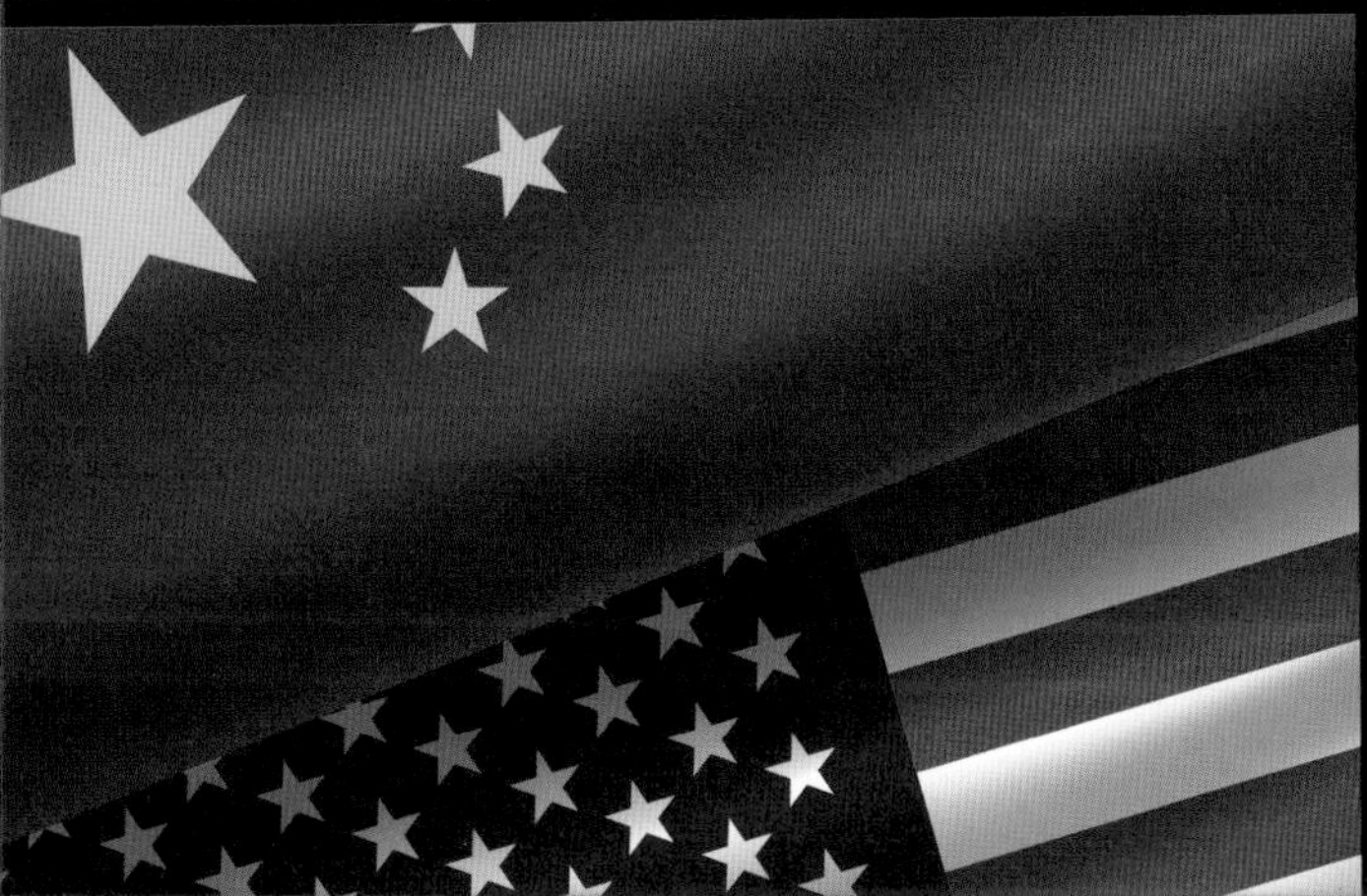

新型コロナウイルスの謎

2019年12月に突如現れ、瞬く間に世界中に広がった新型コロナウイルスの脅威。発生源も特定されていない未知のウイルスの謎は、さまざまな都市伝説、陰謀論を生んでいる

どこから発生し、どう広まったのか？

「未知のウイルス」として世界中を混乱に陥《おとしい》れた新型コロナウイルスですが、実はこれ名前に「新型」とついているように、**すでにあるコロナウイルスの新種なんですね。**ウイルス学的には、ニドウイルス目・コロナウイルス亜科・コロナウイルス科に分類され、ウイルスの形が王冠に似ていることからギリシャ語の王冠（crown）を表すcoronaという名前が付けられました。

じゃあコロナウイルスって何なのか？　知っている人も多いと思いますが、これって「風邪」の一種なんですよね。ただの風邪がなぜ突然、多くの犠牲や被害を出す新種になったのか？　新型コロナウイルスはどこで生まれたのか？　これにもいろいろな説があって、それこそ都市伝説が飛び交っている状態です。まずは、ウイルスのルーツにまつわるさまざまな説を検証してみましょう。

最初に発見されたのは本当に中国の武漢市か？

ＷＨＯ（世界保健機関）の公式発表によると、新型コロナウイルスの最初の発症例は２０１９年12月8日、中国の武漢市内の海鮮市場で感染が確認されたケースとされています。ところが、最初の発症者に関しては、**「11月にはすでに原因不明の呼吸器疾患の患者がいた」「夏にはもう発症者がいた」**などさまざまな可能性がいわれていて、正確なウイルスの発生場所、起源はいまだに確定していません。

最初は「なんか中国で新種のウイルスが発見されたらしいよ」くらいの感じから一気に世界に広がって、あっという間に日本にも感染者が増えて他人ごとじゃなくなった印象がありますよね。ＷＨＯが新型コロナウイルスの世界的大流行＝パンデミックを宣言したのが２０２０年の3月11日のこと。1年以上経ってもこのウイルスがいつ、どこで発生したのかを誰も把握できていないことが、さまざまな都市伝説が生まれる理由の一つです。

もう一つ、話をややこしくしているのが、最初に感染が始まったと疑われ、今も有力な候補である中国・武漢市の武漢華南海鮮卸売市場の調査がなかなか進まなかったことです。**中国側がＷＨＯの調査団をなかなか受け入れず、調査が始まったのは２０２１年の1月末。**武漢が感染源だとわかると国際的批判を浴びてしまうという中国の思惑《おもわく》があったとされていますが、これだけ時間が経ったら感染源の特定につながる証拠を見つけるのは難しい上に、中国は調査団に感染源と関係ない市場を見学させたり、どうも不自然な行動が多いんです。これじゃあ何かを隠している、隠蔽《いんぺい》しようとしているんじゃ？と疑う声が挙がるのも無理もないですよね。

ヤバい

秘密

新型コロナウイルスはどこで生まれたのか？

見え隠れする米・中、二つの大国

単なる偶然？　それとも……なぜか武漢にあった中国のウイルス研究所

新型コロナウイルスの感染源について、中国の研究者は「**ゲノム配列の解析により、コウモリが持つコロナウイルスの配列と96％が同じだった**」という調査結果を英国の科学誌『ネイチャー』で発表しています。この後、アメリカの研究チームが、新型コロナウイルスの進化は複数の部分から構成されており、その大部分はコウモリ由来であるが、センザンコウも重要な貢献をしていると発表し、コウモリとセンザンコウ、二つの生物に由来する複合体であるという説が出てきます。

こうした野生の生物との関わりから、コウモリやセンザンコウを生きたまま売っていた武漢華南海鮮卸売市場が疑われたわけですが、武漢にはもう一つウイルスと強い関係のある場所が存在します。それが**中国の主要なウイルス研究所の一つ、中国科学院武漢病毒研究所（武漢研究所）です。1956年に開設されたこの研究所は、1500株以上の各種ウイルスを保管しているとされていて、アジア最大のウイルス保管施設ともいわれる最先端の施設**なんです。

英・サンデー・タイムズ紙によると、2013年に雲南省の銅鉱山で、コウモリのフンを清掃していた6人が重度の肺炎になり3人が死亡する原因となったウイルスの標本が武漢研究所に送られていて、このウイルスの研究で新型コロナウイルスが生まれたのではないか？　という説もあるんですね。**今のところ、新型コロナウイルスが人為的ウイルスだという決定的な証拠は見つかっていませんが、**当時の米大統領、トランプ氏が米政府が調査中だと明らかにしたことから、武漢研究所からの流出説も根強く残っています。

雲南省で発見されたウイルスが研究所でどのように扱われていたのか？　新型コロナウイルスとの関係性は？　謎は深まるばかりです。

現地調査を行ったＷＨＯは、武漢研究所からの流出説の可能性は極めて低いとレポートしているが、世界有数のウイルス研究所が武漢にあるのは単なる偶然？

アメリカ軍が関与？

人為的ウイルスに、アメリカが関与しているという説もあります。２０１９年10月に行われた**ミリタリーワールドゲームズ（世界軍人運動会）に参加した米軍の軍人5人が、原因不明の伝染病にかかるという出来事がありました。この大会の開催地が、なんと中国湖北省の武漢市だったのです。**アメリカでは、メリーランド州の陸軍の細菌・生物兵器研究所が２０１９年7月に汚染水漏れを起こし閉鎖された事件が起きており、この際に流出したウイルスが米軍人を通じて中国へ渡った可能性があるというのです。アメリカでは、２０１９年の冬に猛威を振るったインフルエンザの死亡例が、実はコロナウイルスだったという米疾病対策センター（ＣＤＣ）の所長の発言もあり、アメリカ発生、軍持ち込み説がささやかれているのです。

ヤバい秘密

COVID-19に隠された意図とその痕跡

謎多き未知のウイルスの感染爆発

なぜ日本人は重症化しないのか？

新型コロナウイルスの感染者数や死亡者数は、国や地域によってだいぶ状況が違うことが知られています。南北アメリカやヨーロッパでは深刻なのに、日本では感染者のわりに重症者、死亡者は少ない。日本人は元々きれい好きで、ウイルスが蔓延《まんえん》しづらい、マスクへの抵抗が少ない、欧米に比べてスキンシップが少ない、そもそも日本人には新型コロナウイルスへの抗体がある、いやいや結核予防のBCG注射が免疫機能を強化しているんだ……。特定の地域の人が重症化しない要因「ファクターX」については、さまざまな理由が挙げられていますが、最新の研究では、どうやら遺伝子が関係しているらしいということがわかってきました。

ドイツのマックスプランク進化人類学研究所とスウェーデンのカロリンスカ研究所が『ネイチャー』に発表した論文によると、**3番染色体と呼ばれる領域の遺伝子多様体が、新型コロナウイルスの症状を悪化させる**というのです。この遺伝子は、約6万年前にネアンデルタール人から受け継いだものだそうで、新型コロナウイルスの重症化リスクが3倍になるとの研究結果もあります。一方で、同じネアンデルタール人の遺伝子でも、12番染色体上にある遺伝子には、新型コロナウイルス重症化リスクを20％程度低下させる〝予防遺伝子〟があることが、沖縄科学技術大学院大学スバンテ・ペーボ教授らの研究でわかってきました。

〝重症化〟遺伝子がヨーロッパで最大16％、南アジアで60％の人に受け継がれているのに対して、日本や東アジアの人々は〝予防遺伝子〟のみを受け継いでいて、そのお陰で重症化しにくいというのです。

こうしたことから、欧米中心の世界へ対抗して人為的ウイルスを中国が生成した、なんて陰謀論が生まれたわけです。

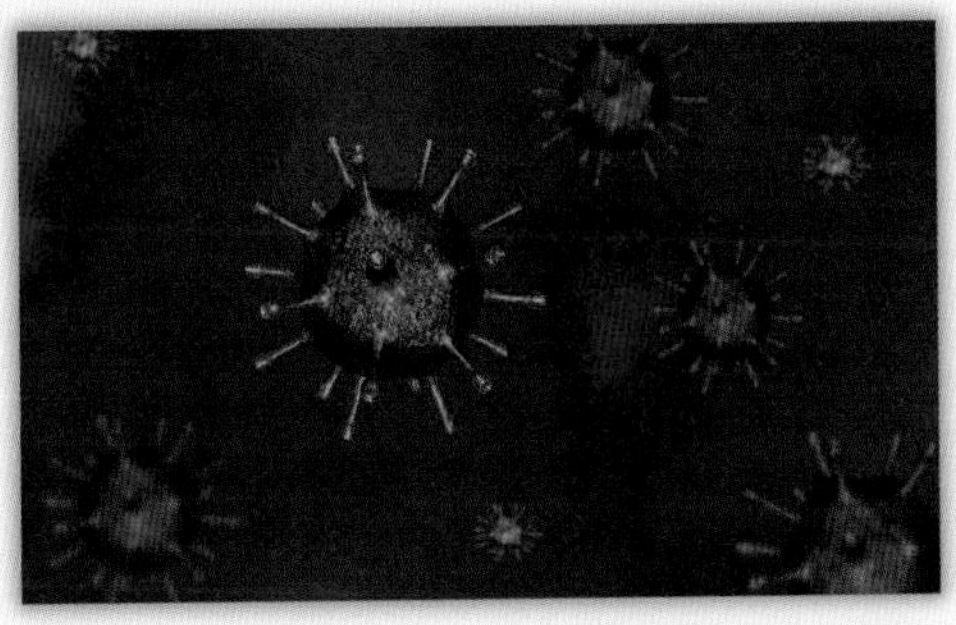

未知のウイルス、謎多きウイルスだった新型コロナウイルス（COVID-19）だが、発見から1年以上経過し、多くの研究者の努力でその正体が徐々に明らかになってきた

不自然な出現と感染爆発

新型コロナウイルスは、突如現れ混乱を招いたとされていますが、実は新型ウイルスの出現を予測していた人は少なくありません。

米国立アレルギー・感染症研究所（ＮＩＡＩＤ）のアンソニー・ファウチ所長は、ドナルド・トランプが大統領に就任した２０１７年1月にジョージタウン大で行われた講演会の中で、「**トランプ大統領の政権中に、ウイルスパンデミックが訪れる**」と発言しています。このほかにもビル・ゲイツが２０１５年にアウトブレイクに言及したり、研究者や有力者の間では当たり前のように新型ウイルスの出現が予測されています。**世界のトップエリートが使う手法に「今後起こることを事前に世の中に流す」ことがあります。新型コロナウイルスが仕組まれたものだったとしたら恐ろしいですよね。**

Topic 2

世界の変化はあらかじめ決められていた?

コロナ後と未来のシナリオ

学校や仕事のリモート化、イベント、ライブの相次ぐ中止など、世界規模でみんなの生活を一変させた新型コロナウイルスとは一体どんなものなのか?

変化は徐々に始まっている

新型コロナウイルスの大流行で、世界中でさまざまな変化が起きています。一番わかりやすく変わったのは、緊急事態宣言などによる外出自粛、仕事や授業のリモート化などではないでしょうか。**インターネットを介したバーチャルなコミュニケーションが増えた一方、これまで便利とされてきたサービスが機能しなくなっています。**

夜遅くまで好きなときに飲み食いできた飲食店は時短営業で苦境に立たされ、デリバリーへの対応を余儀なくされています。飲み会どころか、外食する機会が減ったという人も多いでしょう。家族と過ごす時間が増えたなど、悪いことばかりではありませんが、コロナ禍によってこれまで常識だった対面店舗での販売、営業は急激に減り、情報、決済、物流がすべてスマホやパソコンを介して行える社会への変化が一気に加速した感があります。

パンデミックという非日常がもたらした意味

世界中でワクチンの接種が始まっていますが、新型コロナウイルスの完全終息にはもう少し時間がかかりそうです。

ウイルスと共存していく時代がしばらく続きそうですが、こんなふうに何かが大きく動いているときは、**水面下で「別の目的を持った何かが動いている」というのはよくあること**です。

「木を隠すなら森の中」という言葉もありますが、新型コロナウイルスのパンデミックにも、その陰でかなり大きな計画が遂行されつつあるという都市伝説がいくつもあります。

パンデミックと直接結びつけられて語られているのが人口調整計画です。世界の人口は増加の一途をたどっていて、国連の予測では、**2050年には97億人に達するといわれています。増えすぎた人口は、資源不足、食糧難を招きます。つまり地球の定員オーバーがいずれ来てしまう。**だから人口を計画的に抑制しなければいけないという考え方は、1992年の国連環境開発会議（地球サミット）で採択されたアジェンダ21をはじめ、実際にさまざまなところで議論され、提言されています。

都市伝説的にいえば、1980年代にアメリカにつくられたジョージアガイドストーンに刻まれた10のガイドライン、そして1972年のWHOの内部資料に「世界人口操作の為《ため》のワクチン型生物兵器の開発の必要性」が書かれていたという説は、あくまでも陰謀論ですが、まさに今回のパンデミックを彷彿《ほうふつ》とさせます。

新型コロナウイルスのパンデミックも誰かの意図、意思によって意図的に起きたものだと考えたら、今まで見えなかったことが見えてくるかもしれません。

ヤバい秘密

実はヤバいSDGs《エスディージーズ》（持続可能な開発目標）

「誰一人取り残さない」には裏がある？

持続可能なよりよい社会へ

ＳＤＧｓという言葉をよく耳にするようになりました。ＳＤＧｓは、２０１５年の国連サミットで採択された持続可能でよりよい世界を目指す国際目標のことです。大きく17のゴールが設けられているこの目標は、「誰一人取り残さない」という理念を掲げています。

左の図にあるＳＤＧｓの17の項目は、どれも「こうなったら世の中もっとよくなるよね」と思えるものです。しかし、**これを実現するためには、今のまま人口が増加していっては無理ですし、この目標のために全世界の人が相応のガマンをしなければいけません。**

期限の２０３０年は結構すぐにやってくるので、本当に達成しようと思えば、それこそコロナ禍のロックダウン並に、さまざまな命令を各国政府が出さなければ難しいでしょう。

ＳＤＧｓを達成するのに一番効率がいいのは、世の中がどんどん管理社会になっていくこと。これって新世界秩序（ニューワールドオーダー）にとって都合がいい社会ですよね。すべての人のためといいながら、徐々に支配者層が管理しやすい社会にしていく。そう想像すると、「誰一人取り残さない」というキャッチフレーズもなんだか怖く見えませんか？

SDGsで掲げられた17のゴール

「SDGs」(Sustainable Development Goals) は国連サミットで採択された国際的な目標。持続可能な世界を実現するために、17 のゴール（目標）と 169 のターゲットが設定され、地球上で「誰一人取り残さない」世界の実現をうたっている。

ヤバい秘密

パンデミック発生で得した国は？

覇権国を目指す中国の思惑

新型コロナウイルスの蔓延が仕組まれていたかもしれない？

新型コロナウイルスの謎についてはすでにいくつか紹介しましたが、これらをつなぎ合わせると、点と点が線になり、誰か、何かの思惑に沿ったシナリオの存在が見えてきます。

新型コロナウイルスの出現の前と後の世界情勢を見比べて、この未曾有《みぞう》の変化はどこの国にとって都合がよくて、どこの国にとって都合が悪かったのか？ **最初に考えなければいけないのは、やはり中国の動きでしょう。**

ウイルスの起源はいまだ不明ですが、中国の武漢市を中心に感染が広がっていたことは紛れもない事実です。武漢で未知のウイルスが発生したという報告があった時点で、中国には二つの選択肢が存在していました。**一つ目は、新型ウイルスの存在を速やかに認め、春節による数十億人規模の「民族大移動」を止め、国内にウイルスを留《とど》めること。もう一つは、人の流れを止めずに国外にもウイルスが漏れ出るようにすること**です。

中国共産党政権は、監視カメラやビッグデータ、厳格な封鎖管理でウイルスを武漢に封じ込めたと発表していますが、感染拡大状況を見ると封じ込めが完全に成功したとはいえません。

すべては中国を守るため？

中国の初動に対しては、自粛に頼るしかない日本とは違い、ウイルス発生がわかった時点でもっと厳密な行動制限、移動禁止措置を発動して、感染拡大を防げたのでは？　という疑問の声も多くあり、何らかの意図があるとする陰謀論も出ています。

経済や軍事面で世界2位を占め、アメリカに代わる覇権国家を目指す中国ですが、インドとの国境問題の再発、ウイグル問題に対する国際的批判など、ここに来て**強さを誇示するだけでは国際社会に認めてもらえないジレンマ**に陥っています。

強制的、罰則付きの命令を下せる中国とはいえ、春節のタイミングで全国民の移動を禁じるような施策をとっていたら国民の不満が爆発するという可能性もあった

国際的な立場が微妙になりつつある中での今回の新型コロナウイルスの発生は、中国にとってマイナスでしかありません。仮に国内で感染を抑え込んだとしても、中国の経済的損失は計り知れず、「一人負け」の状況になります。**国民の流れをある程度許容し、止めなかったことで、経済的な打撃を抑え、中国だけでなく世界の国々が等しく経済的ダメージを受ける状況になったとしたら……**。あまり考えたくありませんが、もし中国が自国の国民をだまし、ある程度の犠牲を見越した上で春節の大移動を止めなかったとしたら。WHOをはじめとする世界中の人たちに新型コロナウイルスの脅威を過小評価するような情報をわざと流していたら……。

もちろんこれは陰謀論の世界の話ですが、この章で紹介したさまざまな説を総合して考えると、そういうシナリオが見えてきても不思議ではありません。

Chapter 1
まとめ

みんなが目にしているニュースは世界を動かす大きな動きのほんの一部かもしれません

日々、めまぐるしく情報が変わっていくパンデミックや、明らかに片方の勢力に有利な情報が流されていると批判されたアメリカ大統領選挙では、メディアが配信するニュースに込められた意図や、誘導について議論が起きました。

パンデミックを引き起こした新型コロナウイルスはどこで生まれたのか？ ウイルスの性質や特徴をつかむために必要だと思われる情報なのに、**発生から1年以上経った現在も明確な発生源は特定されていません。現在、最初の感染者を出したとされている中国・武漢市に「たまたま」世界最先端のウイルス研究所があったり、新型コロナウイルスによく似たコウモリ由来のウイルスを研究していたりという事実を見ると、**陰謀論好きでなくてもいろいろ勘ぐってしまいますよね。

２０１７年から２０１８年にかけてアメリカでインフルエンザ患者が急増、6万人が亡くなるというのも新型コロナウイルスの起源に想像を膨らましたくなります。世界の覇権国であるアメリカと、そのアメリカを猛追する中国。**ウイルスの話題でさえ、この2国が中心になるのは本当にただの偶然なんですかね？**　中国共産党とアメリカ軍の関与を疑う陰謀論が数多くあがっていますが、発生場所を選ばないはずのウイルスが、政治的に力を持たない小国で生まれていないのも不思議ですよね。

アメリカでは、この本でも詳しく触れるビル・ゲイツを黒幕とした「プランデミック＝計画されたパンデミック」という言葉がバズっています。ビル・ゲイツだけでなく、**米国立アレルギー・感染症研究所（NIAID）のアンソニー・ファウチ所長など、パンデミック以前に「未知のウイルスの脅威と、近い将来のパンデミック発生」に警鐘を鳴らしていた人は何人もいました。**地球にこれから起こり得るリスクを真剣に考え、それを解決する技術や対策を考える立場にある人なら、「ウイルスの脅威」はまず考えなければいけないことだとは思いますが、ビル・ゲイツがワクチン事業に乗り出していたことが、パンデミックを陰で操る存在がいるという疑惑を強める結果になりました。

「疑問を感じたらお金の流れを辿《たど》れ」というのは都市伝説、陰謀論界の鉄則ですが、コロナ禍でもっとも注目され、**今後の世界で存在感を高めたのは間違いなくワクチン業界**ですよね。開発や供給にかなりの負荷がかかっているという話もありますが、株価は上がるし、各国政府は頭を下げてワクチン確保をお願いしてくるし、将来的にはいいことずくめのような気がします。

世界的には人口が増え続け、先進国では労働人口が減り続ける未来。国連を中心に持続可能な開発目標（ＳＤＧｓ）の普及に熱心ですが、**世界人口を調整し、さまざまなリスクに備える計画は今後必要になってくるはずです。自国の感染者数だけ、パンデミックだけに目を向けるのではなく全体の中での出来事ととらえると、これまで見えなかったことが見えてくるかもしれません。**

フランス革命の
本当の意味

する
い黒幕

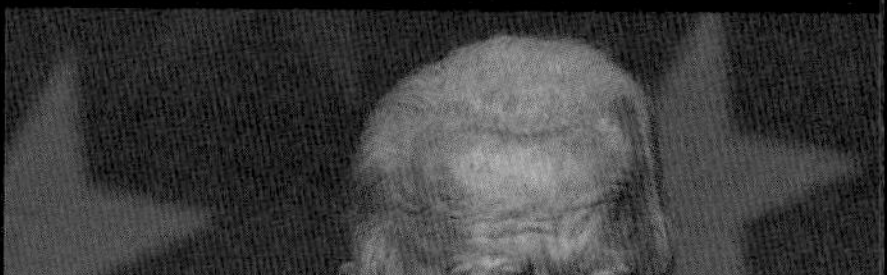

陰謀論が
ニュースになった
瞬間

2020年アメリカ大統領選挙の
キーワード「DS」

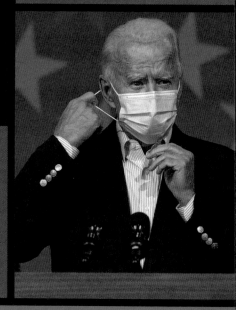

Chapter 2

人心を掌握 世界のヤバ

世界の全人類の財布を握る一族

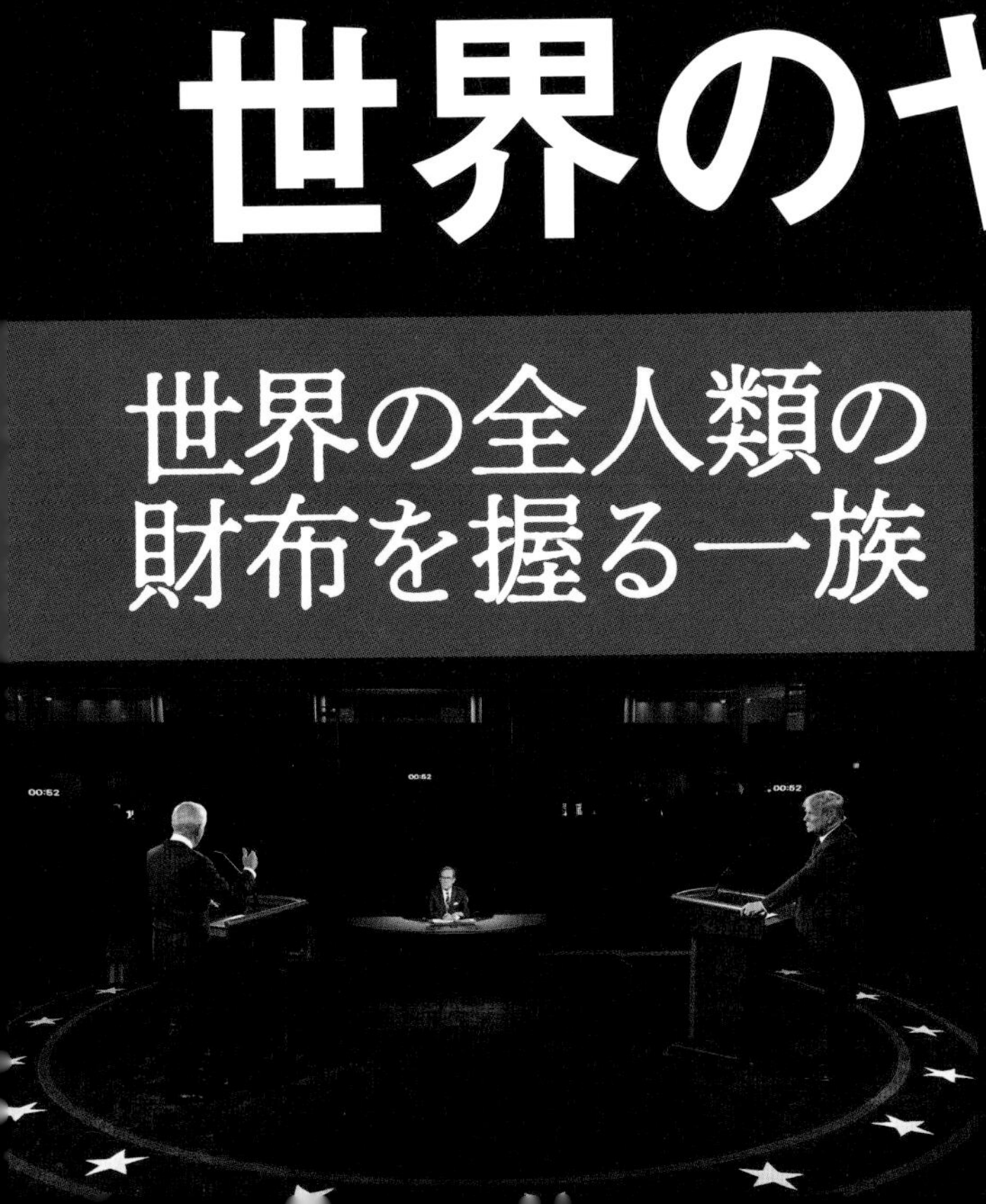

Topic 1

人類支配を目論む秘密結社

フリーメイソンとイルミナティ

石工が用いたコンパス、定規が描かれたフリーメイソンのシンボル。「G」は神（GOD）や、グノーシス主義を象徴する

世界最大の秘密結社フリーメイソン

世界でもっとも有名な秘密結社の一つ、**フリーメイソンは、世界中に活動拠点となるロッジを持ち、会員数６００万人超といわれる実在の組織**ですが、具体的な活動内容は謎に包まれています。そのルーツは紀元前にまで遡るといわれ、世界最古の文明であるシュメール、古代エジプトやバビロニアで行われていた宗教的思想、価値観を受け継いでいるそうです。後に聖地エルサレムの守護を目的としたテンプル騎士団、大聖堂の建築に携わっていた石工の組合員などと結びついて力を蓄えていきます。彼らが一貫して掲げているのが、「**社会や国家を改良して、普遍的人道主義的な世界国を建設する**」という目的。こうした思想がフランス革命やアメリカの独立に影響を与え、アメリカの台頭によって世界支配への道を歩み始めたといわれています。

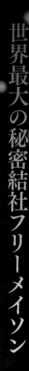

世界が混乱したときに必ず現れるイルミナティ

イルミナティは1776年、インゴルシュタット大学の教会法の教授だった、アダム・ヴァイスハウプトによって創設されました。ヴァイスハウプトはフリーメイソンのメンバーでもあり、イルミナティはフリーメイソンの内部組織でも中枢を握っていたともいわれます。

フリーメイソンと違って、イルミナティは公式には存在しない組織です。というのも、1784年にバイエルン政府から過激思想を危険視され、非合法組織として解散を命じられているんです。権力側であるカトリックと対立し、悪魔崇拝を信奉するようになったイルミナティですが、解散を命じられる以前から世界中のエリートたちを勧誘していたため、当時のさまざまな分野のリーダーたちを輩出しました。

イルミナティの掲げた思想は、**悪魔的思想であるサタニズムの信仰、堕天使ルシファーの名のもとに新世界秩序、世界統一政府を打ち立てること。**「新世界、秩序、世界統一政府」とくれば、ニューワールドオーダーやディープステートと直接結びつく考え方ですよね。

創設時から縁があるとされる世界金融の覇者、ロスチャイルド家の資金提供を背景にアメリカ大陸に進出した〝存在しないはずの組織〟イルミナティは、今も陰からこの世界の大混乱を操っているのかもしれません。

イルミナティのシンボルは、「知恵の象徴」とされるフクロウ。フリーメイソンの「すべてを見通す目」であるプロビデンスの目と同様、360度首が回る＝全方位を見渡せるフクロウも米1ドル紙幣など、世界中至るところに描かれている

ロスチャイルド家

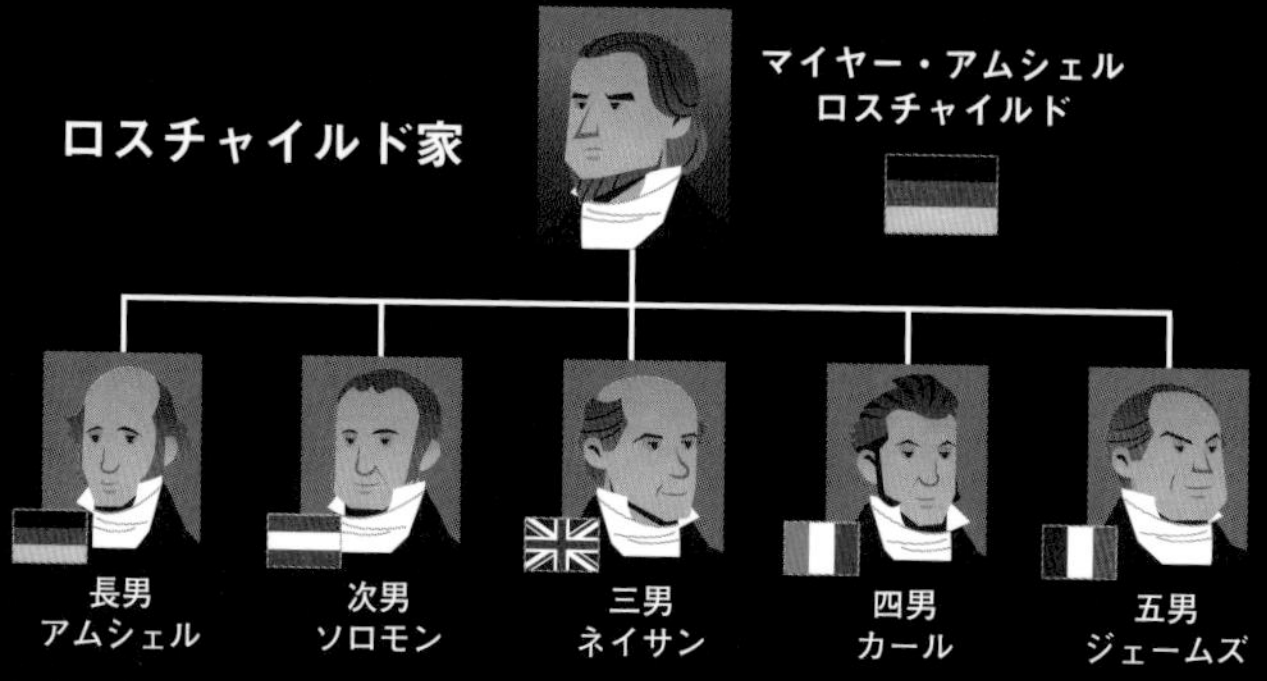

初代マイヤーの息子たちは欧州全土に散らばった。当時のフランクフルトではユダヤ人は家名を持てなかったため、自宅の赤い表札「Roth Schild」を名乗り、後に家名となった

イルミナティの世界支配のスポンサー

「世界最強の財閥」、「地球上でもっとも裕福な一族」として有名なロスチャイルド家。その祖とされるのが、現在のドイツ・フランクフルトのユダヤ人の強制居住区で生まれ育ったマイヤー・アムシェル・ロスチャイルドです。20歳のときに両替業、ロスチャイルド商会をはじめた彼は、上流階級の愛好家が多かった古銭を扱っていた縁から貴族や国家の資産運用を任されるようになり、自身も莫大《ばくだい》な資産を手に入れることになります。

有力者と友好関係を結び、金と権力を手に入れた初代ロスチャイルドは、**「世界の物と金を牛耳《ぎゅうじ》る」**という大胆な野心を秘め、目的を達成しうる人物や団体に積極的に支援援助を始めます。**ロスチャイルドが目をつけたのがイルミナティ。「世界を支配する」という共通の野望のもと、潤沢な資金を用意した**とされています。

フランス革命の本当の意味

1789年に起きたフランス革命といえば、「自由・平等・博愛」を掲げるブルジョワジーが、王族、貴族の独占的支配を打ち破った市民革命ですよね。「絶対王政を庶民が倒した革命」と学校では習ったと思いますが、**王に代わって権力を得たブルジョワジーは、一般庶民ではなく、商工業、金融業のトップ層のことなんです。**

当時の金融家、銀行家たちは当然フランス革命を支持し、惜しみない資金援助を行いました。その**中心的人物が、すでに実力者として君臨していたロスチャイルド家。**革命後、初代ロスチャイルド、マイヤーが生まれ育ったユダヤ人ゲットーが解体され、迫害を受けていたユダヤ人が解放されたのは偶然ではなさそうです。

フランス革命の主体となった実働部隊には、フリーメイソンやイルミナティのメンバー、影響を受けた活動家も多く、マイヤーが蒔《ま》いて育てた種が、フランス革命として結実したという見方をすると「自由・平等・博愛」もまた違う意味を持つように思えるから不思議です。

フランス革命以降、優秀なユダヤ人たちがヨーロッパ全土を舞台に活躍をし始めると、**ロスチャイルド家は、当時世界の中心だったヨーロッパの有力都市に進出。支店長を任されたのは、マイヤーの5人の息子たち。**ロスチャイルド家はさらに繁栄していくことになります。

マイヤー・アムシェル・ロスチャイルド

ロスチャイルド家の礎を築いたマイヤー・アムシェル・ロスチャイルドは、「黙して語らず」の守秘義務を徹底することで有力貴族の信用を得た。この姿勢は、ヨーロッパへの進出、後の世代がアメリカに進出する際にも活かされることになる

ヤバい秘密

世界の財布を握るまでの戦略

情報ネットワークを武器に金融市場を掌握

世界を動かすロスチャイルド

長男アムシェル・マイヤーは、フランクフルトの本店、次男ソロモンはオーストリア・ウィーン、三男ネイサンは英国・ロンドン、四男カールはイタリア・ナポリ、五男ジェームズはフランス・パリへ。**ヨーロッパの主要都市に派遣されたマイヤーの息子たちは、伝書鳩や船、馬車などを駆使して情報網を張り巡らせました。このネットワークが巨万の富を生みます。**

1815年のワーテルローの戦いで、ナポレオンの敗北をいち早く察知したロンドンの三男ネイサンは、これが周知の事実になる前に**英国債を売り始め、市場を「ナポレオン勝利」に誘導します。**これに釣られて爆下がりした国債は、実は裏でロスチャイルド家に二束三文で買い取られていたんですね。

後に「実は連合国軍が勝っていた」とみんなが知ると、当然国債は急上昇。ネイサンの資金は2500倍！にもなったといわれます。

やってることはエグいんですけど、ロスチャイルド家は情報とネットワークを武器に、五男ジェームズが鉄道事業で成功、輸送手段も得て、南アフリカのダイヤモンド鉱山や金鉱山、ロシアの油田の利権を押さえ、世界金融を支配することになります。

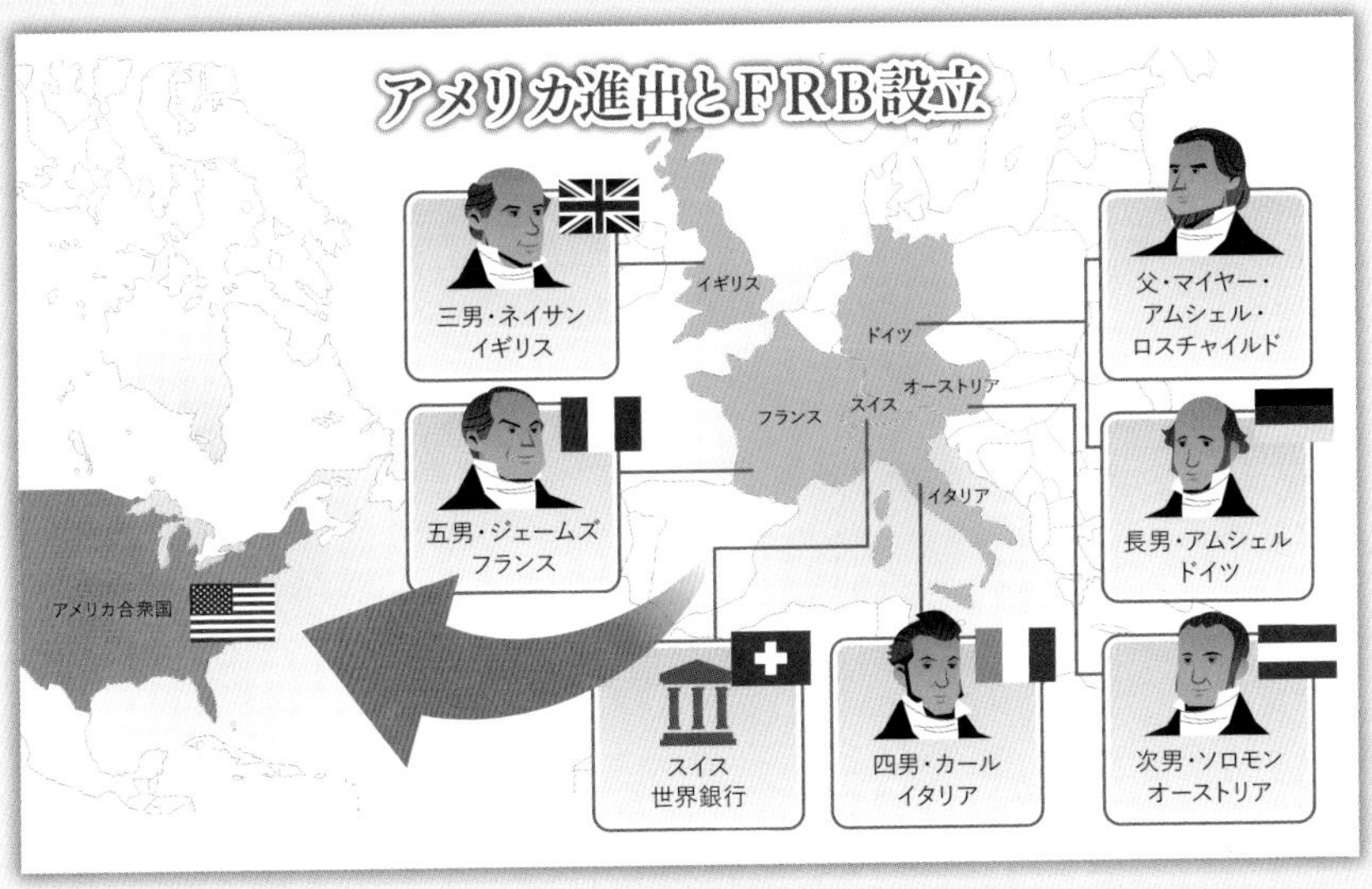

２世代目にしてヨーロッパ各国に強い影響力を持つようになったロスチャイルド家。新大陸アメリカに進出すると、中央銀行に当たるＦＲＢの設立に深く関わることで、以降世界の覇権国に成長を遂げるアメリカを資金面で支えることになる。同様に日本を含む数多くの国の中央銀行が、ロスチャイルド家の影響下にあるとうわさされている

ＦＲＢ設立でアメリカも陥落 世界金融がその手の中に

時代は進み新大陸アメリカに渡ったロスチャイルド家は、**１９０７年10月に起きた金融恐慌を期に設立された連邦準備制度理事会（ＦＲＢ）に大きく関与し、アメリカの金融政策をコントロールする立場を手に入れます。**公的な機関ではないにもかかわらず、紙幣を刷ったり、国債を発行したりできる中央銀行に影響力を持ったロスチャイルド家は、ロックフェラーやＪＰモルガンとともに、アメリカ、そして世界の金融界を牛耳ることになります。

三男ネイサンに連なる英国の中央銀行をすでに支配していたロスチャイルド家は、ＦＲＢを押さえたことで、**ヨーロッパとアメリカ、さらに間接的に世界中のすべての人たちの財布を握るくらいの力を手に入れました。**

Topic 3

米大統領選の混乱にも加担？

ディープステートの正体

両陣営の支持者がそれぞれの主張を繰り返す、アメリカの分断を象徴するような2020年の大統領選挙。混乱の中でこれまで隠されていた真実が明らかになったともいえる

2020年米大統領選挙の結果と経緯

2020年のアメリカ大統領選挙は、史上もっとも注目された選挙になりました。アメリカの大統領を選ぶ選挙なのに、日本でもテレビや新聞などで逐一報道されていましたよね。第45代大統領であるドナルド・トランプとジョー・バイデンの争いは、みなさんご存知の通り最後までグダグダ。トランプが不正選挙を主張し、敗北宣言をしなかったり、バイデン大統領が正式に誕生する就任式にトランプが欠席したり、まさに異例ずくめ。

このときの大統領選挙に限って、なぜ不正やスキャンダル、さまざまな陰謀論が噴出し、両陣営の対立が国民を巻き込んでいったのでしょう？ 実はこの裏には、ある組織の介入があったといわれているのです。

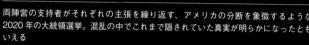

ディープステートとは？

2020年の大統領選挙のキーワードの一つが、「**ディープステート（DS）**」です。

DSは、〝闇の政府〟とも呼ばれ、これまではあくまでも陰謀論の中での話だったんですけど、大統領選挙の盛り上がりとともにアメリカでは「**公然の秘密**」になりました。

そもそも、DSはアメリカ政府よりも世界規模でパワーを持つ、ロスチャイルド家のような**国際金融資本家、軍事複合体、グローバリスト、貴族など世界を動かす資金と権力を持ったトップエリートたちで構成されている**ので、ホワイトハウスと意見が対立したときや利害が一致しなかったときには大統領を排除するくらいのことはできるといわれています。

トランプ以前のクリントン、ブッシュ、オバマ時代はDSと政府の関係は良好だったといわれています。アフガニスタン紛争、911、イラク戦争など、アメリカがどこかと戦争をしている間は、DSメンバーの利益になる「戦争ビジネス」はうまくいっていました。ところが、過激な発言が取り沙汰されたトランプは、実は4年の任期で一度も新たな戦争をしていません。

自分たちの意向を無視したトランプに不満を持ったDSがフェイクニュースや不正投票でトランプの妨害工作をしたというのが、大統領選挙をめぐるDSの陰謀論の一つです。

2016年の当選、大統領就任以来世界を騒がせてきたトランプ。任期は1期4年で終わってしまったが、これまでの大統領と一線を画す豪腕ぶり、大胆な政策は熱狂的な支持者を生んだ。2024年の大統領選挙で再起を図るという意向も聞こえる

ヤバい秘密

「陰謀論」がニュースとして報道される現実

トランプは何と戦ったのか？

ついにトランプの口から「ディープステート」が語られた

「ディープステートの誰か、ＦＤＡの誰かが製薬会社がワクチンや治療薬の試験のために人を集めることを非常に困難にしている」

２０２０年８月22日のドナルド・トランプのＴｗｉｔｔｅｒでのつぶやきは、多くの人に衝撃を与えました。当時アメリカの大統領だったトランプが政治アピールに活用していたＴｗｉｔｔｅｒで「ディープステート（ＤＳ）」という言葉を使う。**陰謀論がニュースになった瞬間でした。**

この発言の真意をトランプが深く語ることはありませんでしたが、新型コロナウイルスのワクチン試験を妨害しているものがいる。それはＤＳだと告発したとも読み取れます。そして世界を操るＤＳとトランプの対立がまことしやかに語られるようになったのは、**トランプの熱狂的な支持者でもある「Ｑアノン」の存在が大きく関係**しています。

２０１７年10月、匿名掲示板４ｃｈａｎに最初に現れた「Ｑ」という人物が、闇の政府と戦うトランプ大統領を救世主とする投稿を始めたのです。彼らの主張によれば、トランプはＤＳが推し進めるグローバリズムに反する「アメリカズファースト」を掲げていたため、最初の選挙でのロシアゲート疑惑（裁判ではトランプは無罪に）など、戦局を左右するようなフェイクニュースを流され攻撃されている。DSの息のかかったメディアが2期目の大統領選でもトランプに不利なニュースばかり流しているというのです。実際、バイデンの息子、ハンター・バイデンのスキャンダルがほとんど報道されないなど、Qとそのフォロワーである Qアノンの主張にもうなずける点はあります。

米中央銀行の政策に異を唱えた大統領たち

アンドリュー・ジャクソン 第7代大統領	
中央銀行の廃止を唱える	２度の暗殺未遂
エイブラハム・リンカーン 第16代大統領	
政府通貨の発行	暗殺
ジェームズ・ガーフィールド 第20代大統領	
中央銀行に不満を述べる	暗殺
J・F・ケネディ 第35代大統領	
通貨発行権を政府の権利とすることを目指す	暗殺
ロナルド・レーガン 第40代大統領	
中央銀行を調査	暗殺未遂

政策と暗殺の関連は不明だが、ロスチャイルド家が築いた国際金融資本システムに異を唱えた大統領は暗殺または暗殺未遂の憂き目に遭っているという説がある

FRB＝ロスチャイルドとの対立

２０１７年に大統領に就任したトランプは、**FRBに対して政策金利の引き下げを要求**しました。政治家である前に経営者でもあったトランプは、市場金利を下げれば企業や個人がお金を借りやすくなり、経済の活性化につながると考えたんですね。この国民ファーストの考え方が、FRBを牛耳るロスチャイルド家の逆鱗《げきりん》に触れたというのがQアノンの見立てです。

カジノビジネスで何度も破産した**トランプとロスチャイルド家の関係は実は良好で、資金援助を受けていた**という話もあるのですが、自分たちの利権、しかも世界経済に影響するような大きな利権に手を出してきたトランプを見過ごせなくなったというのはありそうな話。**DSにとって都合の悪い政策を掲げるトランプはやはり邪魔な存在**だったのかもしれません。

ヤバい秘密

大混戦を演出した不正投票疑惑

前代未聞の米大統領選挙

デマとはいい切れない「不正投票」の可能性

2020年の大統領選挙のもう一つの大きな話題が「不正投票」です。**開票が始まった直後から、トランプ陣営は不正投票への懸念を明らかにしていました。**

日本の感覚では、「不正投票、不正選挙なんて負け惜しみでしょ」となってしまうと思うんですけど、2020年の大統領選ではただのデマといい切れない事情がありました。

その一つが、**郵便投票**です。パンデミックによって会場での投票を見送った人たちが、**郵便による投票を選択した結果、東部ペンシルベニア州では2016年の28倍にもなった**そうです。郵便を含む期日前投票はなんと1億票。アメリカの郵便事情から投票用紙が期日までに正確に届くか、郵便と投票所の両方で投票する二重投票はないのかなどの懸念がありました。

日本と比べると、海外の郵便はやっぱりちょっと不安ではあるんですよね。配達だけでなく、有権者の管理にしても**118歳のすでに死亡した人が投票を行った**なんてニュースが世界中に流れましたよね。実際には不正というより記録ミスはあったみたいなのですが、不正投票が起きても不思議じゃない状況だったと考えられます。

もう一つは、選挙に使用された**投票集計機**への疑念です。ドミニオン・ヴォーティング・システムズという会社が開発したこのシステムは、トランプ陣営側のジュリアーニ元ニューヨーク市長などが「**ベネズエラの故チャベス大統領の指示で製造された、不正投票のための投票機**」などと批判し、ドミニオンで集められた票はバイデンの票にすり替えられ、バイデン側に大きく選挙を傾けたとされているのです。

ドミニオンについては、誤った情報も多いのですが、ドミニオンの日本語訳は「支配」「統治」。Qアノンでなくても、なんでそんな名前なのか疑問は残ります。

選挙後にはさらに過激化したQアノンなどのトランプ支持者の一部がアメリカ国会議事堂を襲撃、大量の逮捕者を出す事件が起きた

Qアノンと陰謀論

2020年12月の調査で、**約39%のアメリカ国民が「ディープステートがトランプを大統領の座から引きずり下ろそうとしている」という陰謀論を信じているという**データが出ました。

世界を騒がせた大統領選挙は、トランプ支持者Qアノンの増殖によって、かなりの数の陰謀論が飛び交う展開になりました。

Qアノンの主張は過去のオーソドックスな陰謀論の焼き直し、ツギハギが多く、自分たちの主張に都合よくつくった加工画像や映像、ニュースがSNSで拡散されるなど、アメリカでも問題視されています。

大統領選挙を報じたメディアに偏りがあったのは事実ですが、**Qアノンの言動には、異なる主張を通すためにメディアと同じことをしているという批判**もあります。

Chapter 2

まとめ

みんなが生きている世界は「誰かの望む世界」の実現に誘導されているのかもしれません。

「強く望んだり願ったりすることは必ず叶う」というのは引き寄せの法則の基本ですが、この世界は、大小の違いはあっても誰かが願ったこと、誰かがそうしたいと計画したことに沿って動いている側面があります。

闇の引き寄せの法則ではないですが、フリーメイソンやイルミナティ、世界に数多くある秘密結社は、何世紀も前から自分たちの理想とする社会の実現のために莫大な労力やお金を費やしてきました。彼らが目指すのは、**世界を統一し、すべての人を同一の価値観に均一化して支配すること**です。その目的に沿って、金融を支配するロスチャイルド家、石油産業やマスメディアを牛耳るロックフェラー家などが裏でつながり、世界支配を目論んでいるというのが、あらゆる陰謀論の基本になっています。

一握りの富を手にする人の中には、新興勢力もありますよね。**ネット時代になって台頭したＧｏｏｇｌｅやＡｐｐｌｅ、ＦａｃｅｂｏｏｋやＡｍａｚｏｎ、つまりＧＡＦＡと呼ばれる勢力や、中国、**

ロシアは秘密結社や旧勢力とは関係がないはずです。ところが、ニューワールドオーダーやディープステートと呼ばれる黒幕たちは、お金が流通する根本である金融システムなど世界の仕組みのベースとなる部分を押さえているため、世界的な企業、世界的な大富豪になっていく過程で必ず黒幕たちと関わり、取り込まれていくのです。黒幕だから力があるのではなく、**力がある者が黒幕になっていくと考えれば、企業や国の栄枯盛衰はあっても、その時々に覇権を握っている者たちが組んで世界を動かしているというのは理に適った考え方ですよね。**

本来、世界の裏側の奥深いところであえて目立たないように動いている黒幕が、2020年のアメリカ大統領選挙以降、ついにみんなの前に姿を現しました。これが黒幕たちの望んだことなのか、それとも対抗勢力による攻撃の結果なのかはわかりませんが、いずれにしても**ドナルド・トランプ前米大統領による「ディープステート」発言**は、いろいろな意味で世界を揺るがせたに違いありません。

トランプについても、分断を生むような政策に批判はありましたが、就任時に鮮明に打ち出した**「アメリカズファースト」が、世界統一を目論むディープステートに対抗するための政策**だったとしたら評価も変わってくるかもしれません。それまで世界の盟主として振る舞ってきたアメリカの大統領が、加速の一途を辿っていたグローバリズムに待ったをかけ、自国民の利益を最初に考える原点に戻るわけですから、ディープステートからしたら見逃せない大きな方向転換ですよね。トランプの支持者となったQアノンは攻撃的な陰謀論やフェイクニュースで対抗しようとしましたが、これはかえってトランプの信用を貶《おとし》める結果に終わりました。**ディープステートの次の一手は？　世界の黒幕たちはどう動くのか？**　しばらくアメリカを中心とした世界情勢から目が離せません。

人類史に残る大きな
転換期が始まっている

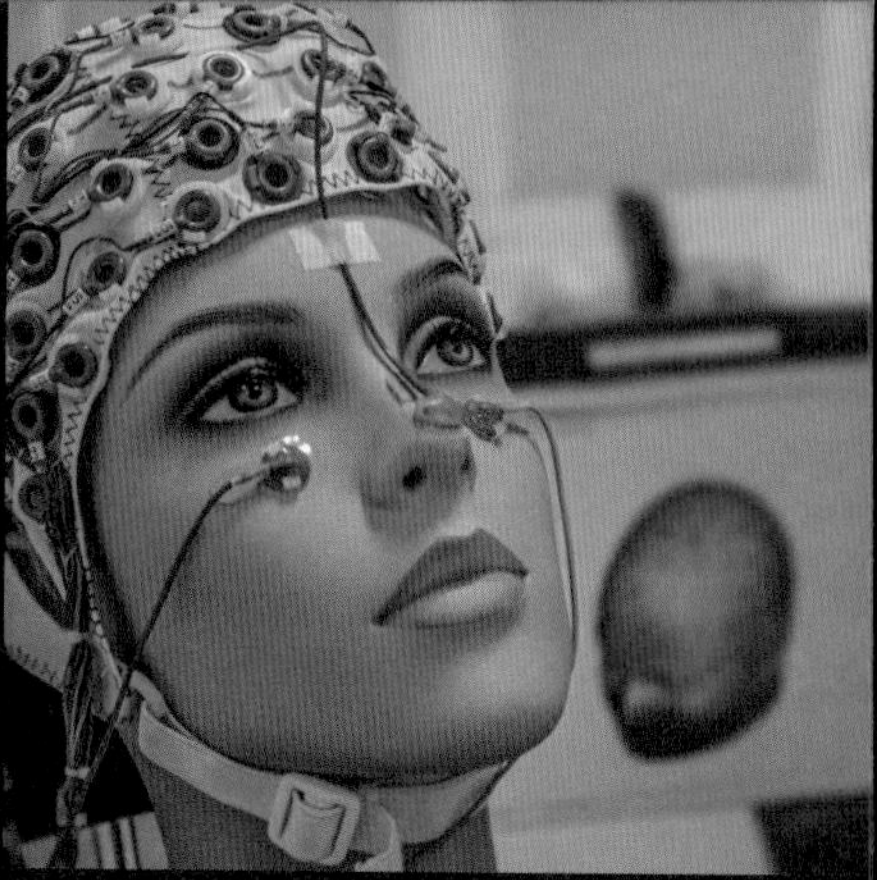

するための

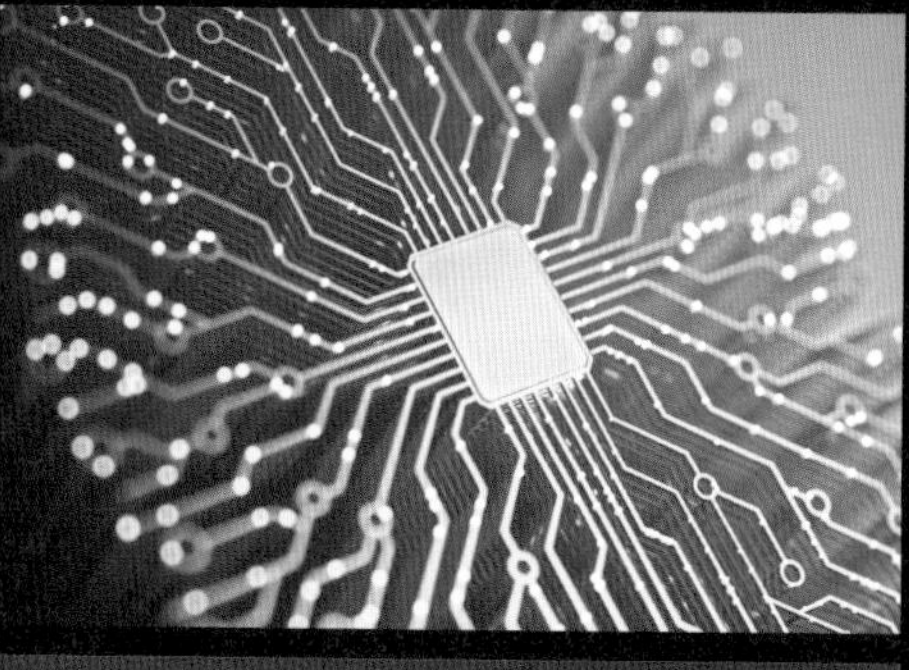

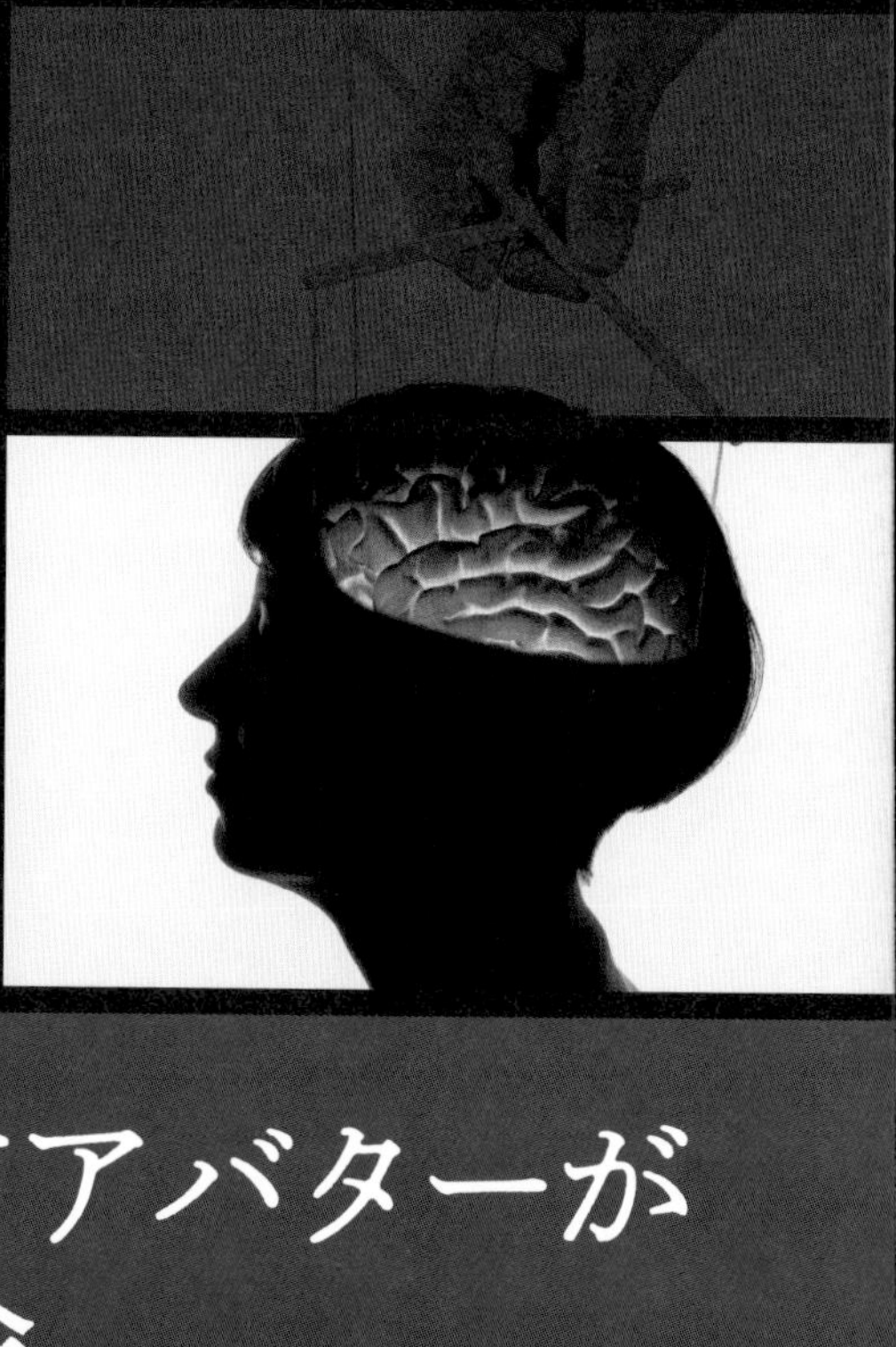

個人情報や
特性までデータ化
して管理

日本政府が目指す

人に代わってアバターが
活躍する社会

Chapter 3

人心を管理ヤバい技術

ID2020とパンデミックをつなげる要因

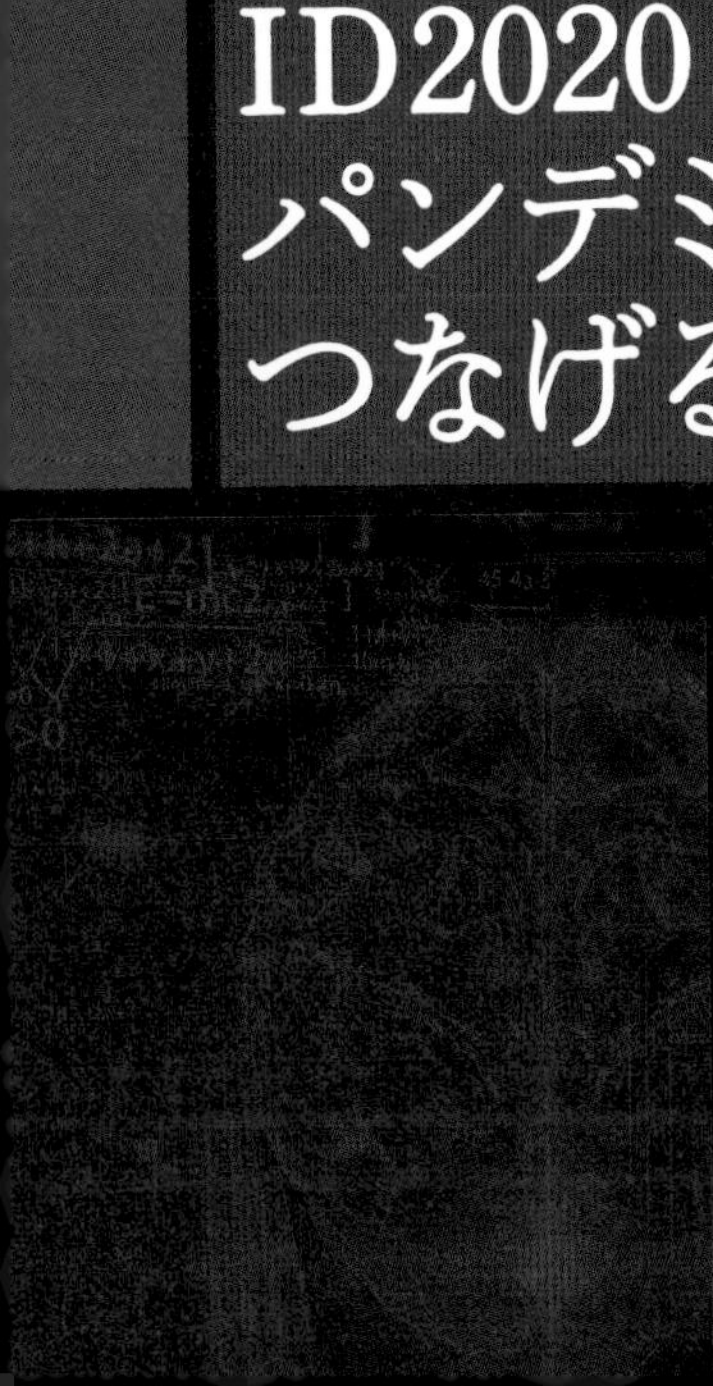

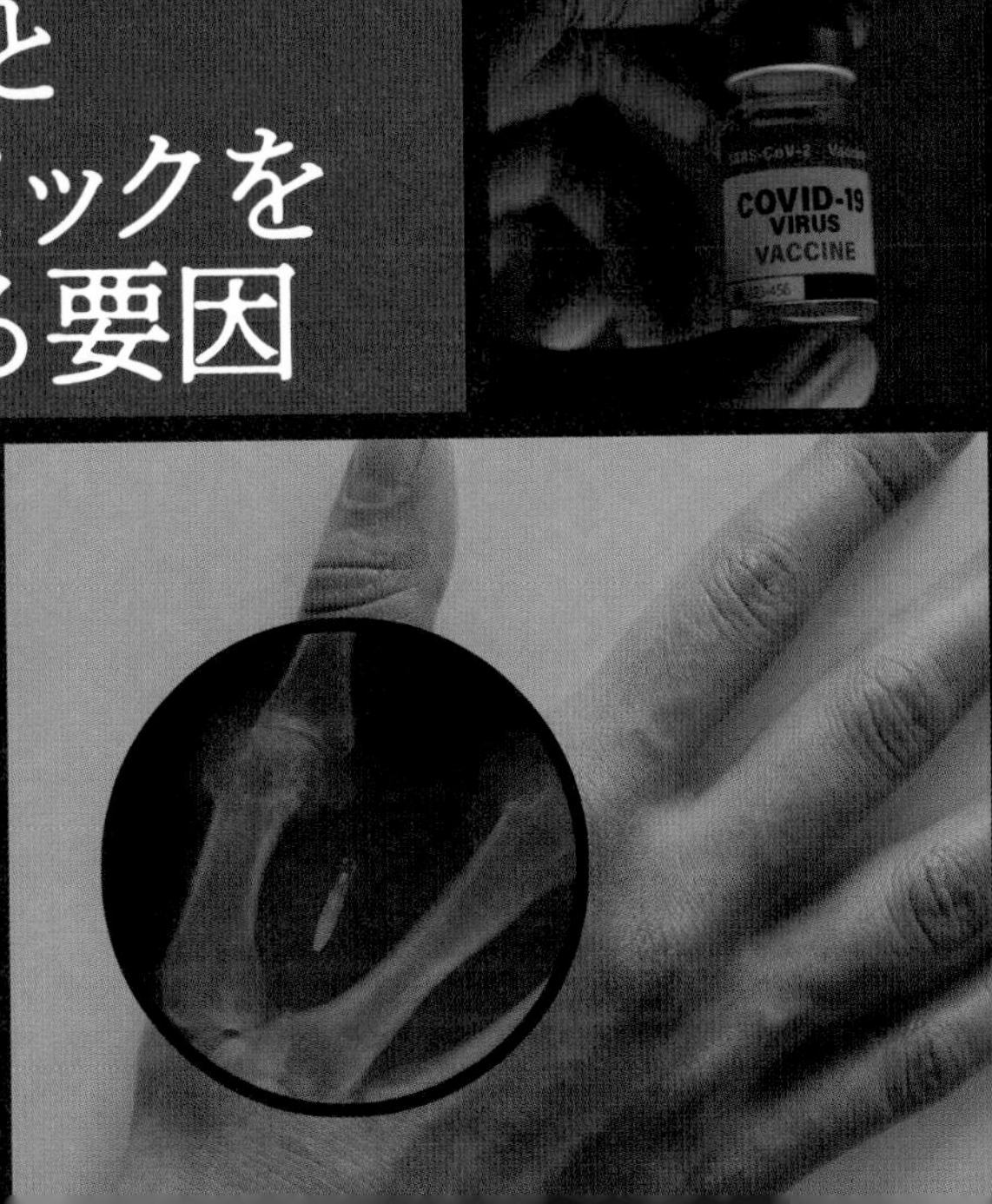

Topic 1

密《ひそ》かに進む人類総背番号制

77億人を管理するID2020

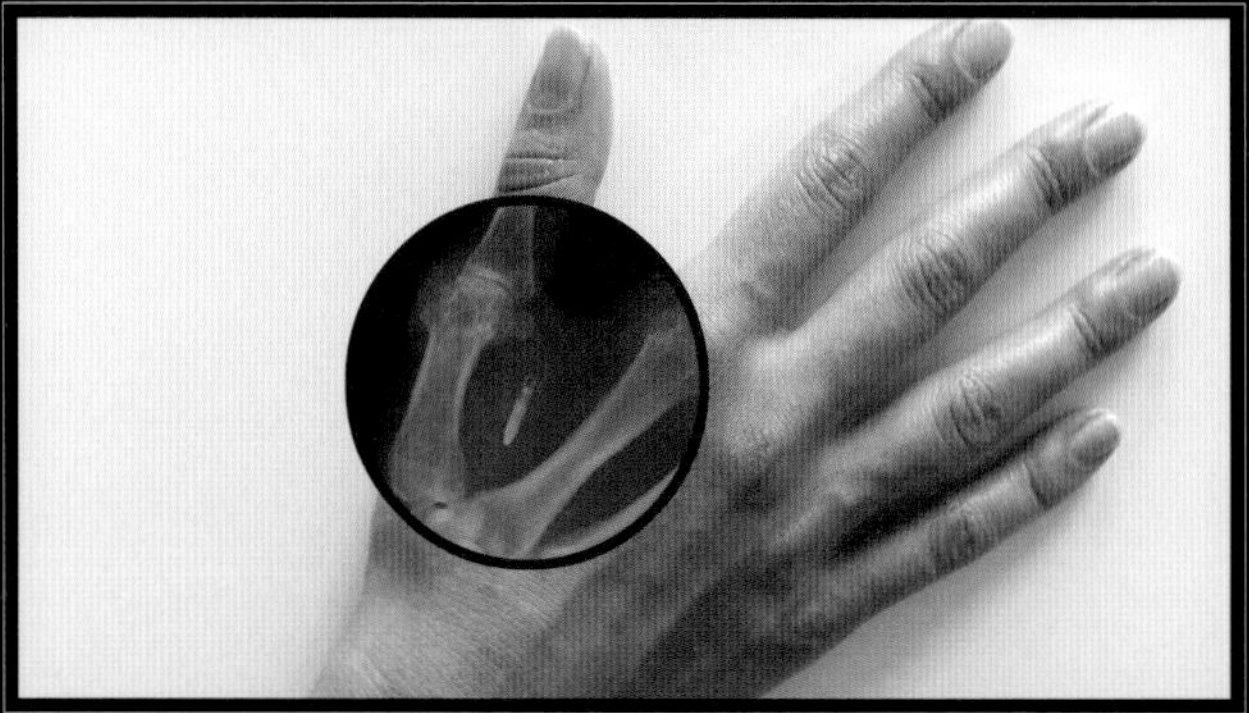

日本でもすでに犬や猫などのペットにRFIDチップの埋め込みの義務化が決定している。人間の身体にさまざまな情報が詰まったIDチップを埋め込む日が来る？

便利さと引き換えに失うものがある？

スマートフォンを持っている人も多いと思いますが、数年前まで「携帯電話」だったスマホは、いまやコミュニケーションツール、情報端末としてだけでなく、お財布としても使われています。自宅に目を移せば、テレビやエアコン、冷蔵庫などの家電がインターネットにつながり、みんなの生活もどんどん便利になっています。

身の回りのものすべてがネットワーク化されてしまう世の中で、**個人情報の漏《ろう》えい、プライバシー侵害を心配する人もいると思います**。でも、ちょっとした個人情報が漏れることを心配している場合じゃないんですよね。スマホの指紋認証、顔認証もそうなんですが、**個人の特徴をデータ化して管理する『デジタルID』の普及はすでに世界中で進んでいます**。このデジタルＩＤを使えば、全人類を完璧に管理することが可能なのです。

人権保護のための「ＩＤ２０２０」プロジェクト

世界最大級のコンサルティング会社、アクセンチュアと、巨大ＩＴ企業、マイクロソフト社が中心となって、２０１７年に開始されたのが、官民共同プロジェクト『ＩＤ２０２０』です。**全世界で11億人以上と推定されている「自身の存在を証明する公的手段を持たない人たち」を救済するためのシステム**です。

例えば、難民の方々は、ＩＤを持たないために教育や医療、銀行などのサービスが受けられないという不公平な状態にあります。これを最新技術で解決しようというのがＩＤ２０２０。いい話ですよね。

ID2020は身分を証明する手段を持たない人や難民に対する支援活動としてだけでなく、先進国のさまざまなサービスの充実にも活用される

でもこれ、戸籍や身分証明の制度がすでに確立されている先進国でも変化が起きているんです。日本でもマイナンバー制度の導入が進められていますが、デジタルＩＤが普及すれば、従来のパスポートなどの物理的な証明書は必要なくなり、さまざまなところに散らばっている情報、例えば個人を特定する固有ＩＤから学歴や職歴、収入や口座状況、購買履歴やネットの参照履歴などあらゆる個人情報が明確に個人と結びつくのです。デジタルＩＤの使用については、もちろん使用目的に制限があったり、厳重なセキュリティが施されたりしますが、情報管理に完璧はありません。

「不公平を是正するため」「便利に生活するため」の名目で、**全世界の77億人を完璧に管理する計画が進行していた**としたら喜んでばかりはいられませんよね。

ヤバい秘密

人類支配とワクチン接種への陰謀論

パンデミックの裏で密かに進行中？

新型コロナウイルスで再燃 ＩＤ２０２０の脅威説はどこから？

ＩＤ２０２０は、２０１７年の計画発表当初から人類支配につながる危険な計画では？　と不安視する人が一部にいました。そして、新型コロナウイルスの世界的流行という未曾有《みぞう》の経験をした今、都市伝説、陰謀論界隈《かいわい》で再び大きな注目を集めています。

ＩＤ２０２０は、個人認証の課題を解決するために設立された国際的な官民一体となったプロジェクトであることはすでに紹介しましたが、どうやって個人を特定するＩＤを発行するのかについては、ブロックチェーンや生体認証などの最新技術を使うとしか説明されていませんでした。そこで、**すでに世界中の国々が採用している犬や猫などのペットにＲＦＩＤというタグを埋め込む方法が人間にも採用されるのでは？**　という憶測が広がりました。これに信憑《しんぴょう》性を持たせたのが、現在、新型コロナウイルスを抑え込む唯一の希望とされている〝ワクチン〟の存在です。

チップを世界規模で人々の身体に埋め込むってかなり大変ですよね。身体に異物を入れることに抵抗がある人も多そうです。そこで、**「ワクチン接種に乗じてマイクロチップを体内に流**

し込むのではないか？」という陰謀論が生まれます。この説を信じる人たちは、パンデミックはワクチン接種＝チップ埋め込みのために仕組まれた計画だと主張し、これが新型コロナ人為的ウイルス説の一つになりました。

ＩＤ２０２０がやり玉に挙がったのは、これに参画している団体に、アクセンチュアやマイクロソフトというグローバル企業の名前が並んでいたこと。さらに怪しさを倍増させたのが、ある謎の団体の存在でした。

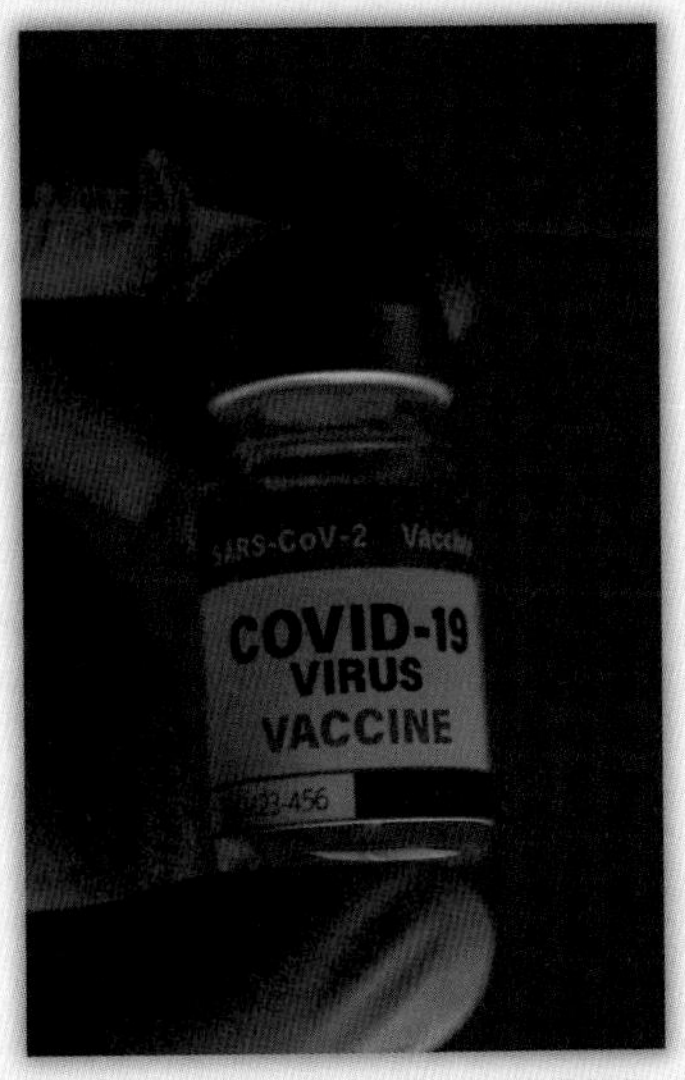

陰謀論の定番である製薬会社と世界銀行、パンデミックで注目を集めたWHOなどが参画するID2020とワクチンの関連を疑う陰謀論は尽きない

ワクチン接種を推進する『GAVI』とは？

ＩＤ２０２０には、民間企業の他に公的組織も多く参加しています。ＩＤ２０２０とワクチンの関係を怪しむ声をさらに後押ししたのが、プロジェクトの中枢にあるＧＡＶＩという団体です。ＧＡＶＩはもとは「ワクチンと予防接種のための世界同盟」という名前で、世界中の子どもたちにワクチンや予防接種を打ち、命を救うことを目的としています。

ＧＡＶＩには、ＷＨＯや製薬業界、世界銀行グループ、ビル＆メリンダ・ゲイツ財団などが参加していて、ＩＤ２０２０とパンデミック、マイクロチップとワクチンがつながる要因になりました。ビル・ゲイツはこれらの説を否定し、今のところワクチンにチップが仕込まれるというのは行き過ぎた陰謀論と考えてよさそうです。

Topic 2

日本政府が正式に表明？

ムーンショット目標とSociety5.0

内閣府が掲げるムーンショット目標

自動運転技術の開発など、ＡＩやロボットの技術の発展は目覚ましい。こうした技術が気づかないうちに人類の生活を大きく変えてしまうかもしれない

身体、脳、空間や時間からの制約から解放されたサイバネティック・アバター生活を送れる世界がやってくる。

ＳＦ小説のような世界観ですが、これ実は、日本政府が２０５０年までに達成することを目標としている実在する計画なんです。「ムーンショット目標」と呼ばれるこの計画は、当時実現不可能といわれた月面着陸を実現したアメリカの例から、実現困難な目標を掲げそれに向かって研究開発を進めるムーンショットアプローチとして掲げられました。内閣府のサイトにも掲載されています。

現実主義の日本では遅れていた分野なのですが、それがなぜ「人が身体、脳、空間、時間の制約から解放された社会を実現」することだったのかが気になるところです。っていうか、その前に「それどういうことだよ？」って思いますよね？

身体、脳、空間、時間の制約からの解放

ムーンショット目標は、7つの目標からなるのですが、特に目立つのが、「身体、脳、空間、時間の制約から解放され」るという項目です。

少子高齢化が進む日本では、働き盛りの人たちの人口が減少していく一方、さらに人生100年時代の到来もあって、それぞれの年代の人たちが多様な背景や価値観を追求できる持続可能な社会として、政府は2050年までに、身体、脳、空間、時間の制約から解放された社会の実現を目指している

ムーンショット目標によると、**一人の人間が10体以上のサイバネティック・アバターを使ってさまざまな作業や仕事をこなせるようになるのが2030年。2050年には複数人がアバターとロボットを組み合わせて大規模なタスクをこなせるようになることを目指しています。**

仮想空間に存在するアバターは、理論上、生身の人間を超えた身体能力、認知、知覚能力を手に入れられるので、労働人口の減少も気にせず、高齢化が進む日本も成長していけます。

アバターが一般的になると、肉体は命を入れておく器の一つでしかなくなり、知識や記憶をデータとして扱ったり、移し替えたりできるようになります。こうなってくると、人間とロボット、AIはどう違うのか？　人間もデータの集合体でしかないのか？　という新たな問題が出てきそうです。

ヤバい秘密

人類の転換点になるSociety5・0

IT革命の次の変革は超弩《ど》級

サイバー空間とフィジカル空間の境界が消滅？

人類はその進化の過程でいくつかの大きな転換点を経験してきました。**最初の変化は狩猟社会の到来**。獲物を狩ることで食糧を得た人類は、地球の覇権を握っていきます。次に人類が手に入れた**農耕技術によって定住化、大規模都市が生まれ近代国家**が誕生します。Society3・0は産業革命に端を発する工業化のこと。飛躍的な技術の発展で、人々は地球規模で移動し、経済活動を行うようになりました。そして**情報が世界を席巻《せっけん》するIT社会**、Society4・0を迎えているのが現代で、次にくるのが、**「サイバー空間（仮想空間）とフィジカル空間（現実空間）を高度に融合させたシステムにより、経済発展と社会的課題の解決を両立する、人間中心の社会」Society5・0**です。

Society5・0では、インターネットを介してすべての人とモノがつながり、それによって生まれた空間で新たな価値観が生み出されたり、そこで共有された情報をAIが分析、発展させ、人間以上の能力を持ったロボットやアバターがあらゆる分野で効率的な作業を行うようになります。すでに自動運転技術を使った完全無人運転バス、宅配ロボット、ドローンなどの開発が進み、一部実用化されています。Society5・0の到来で、サイバー空間とフィジカル空間の境界線はどんどん曖昧になっていきます。

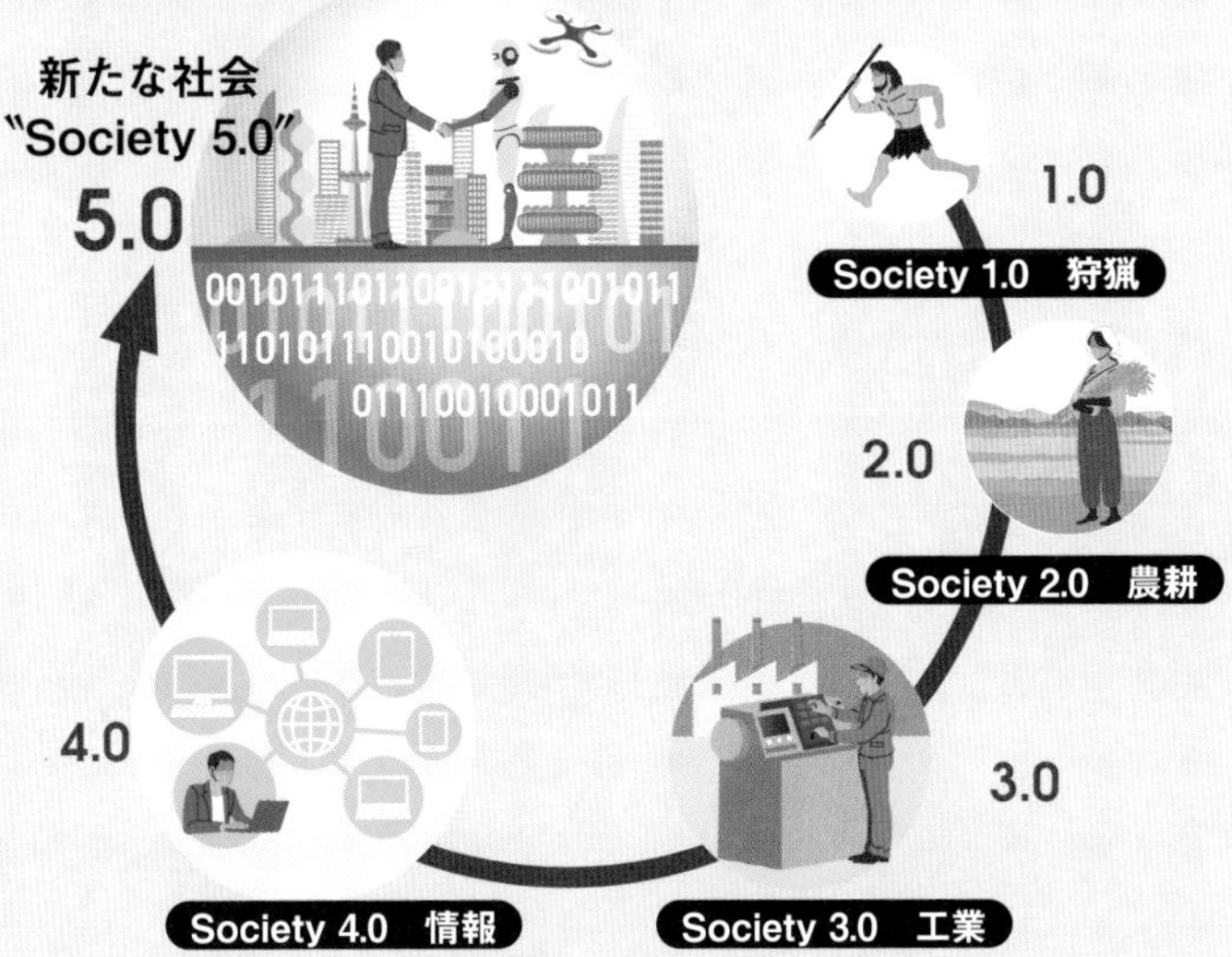

狩猟社会、農耕社会、工業社会、情報社会に続く、新たな社会 Society 5.0 もムーンショット目標同様、第５期科学技術基本計画として内閣府が公にしている。経済発展と社会的問題の解決を両立することを目標とするこの政策だが、詳細を読むと、わざわざ「AIやロボットに支配され、監視されるような未来ではありません」という断り書きが

大きな変化はすでに始まっている

蒸気機関の発明が産業革命を生み、インターネットが情報革命を強力に進めたように、Society5・0にもそれを実現するキーテクノロジーがいくつか存在します。肉体の枠を取り去るような技術は実用化されていませんが、あらゆる**モノをネットワークにつなげる技術といえば、５G**がありますよね。ケーブルに接続していなくても高速で通信が可能な５Gは、Society5・0の幕開けとなる技術といえます。通販大手のAmazonが２０２６年の実現に向けて動いている、３２３６基の衛星を打ち上げ、宇宙から地球全体をカバーするネットワークを構築する『プロジェクト・カイパー』など、Society5・0を見越して先手を打つ大企業の動きが活発化しています。

Topic
3

人の心を操って行動を変える

マインドコントロール

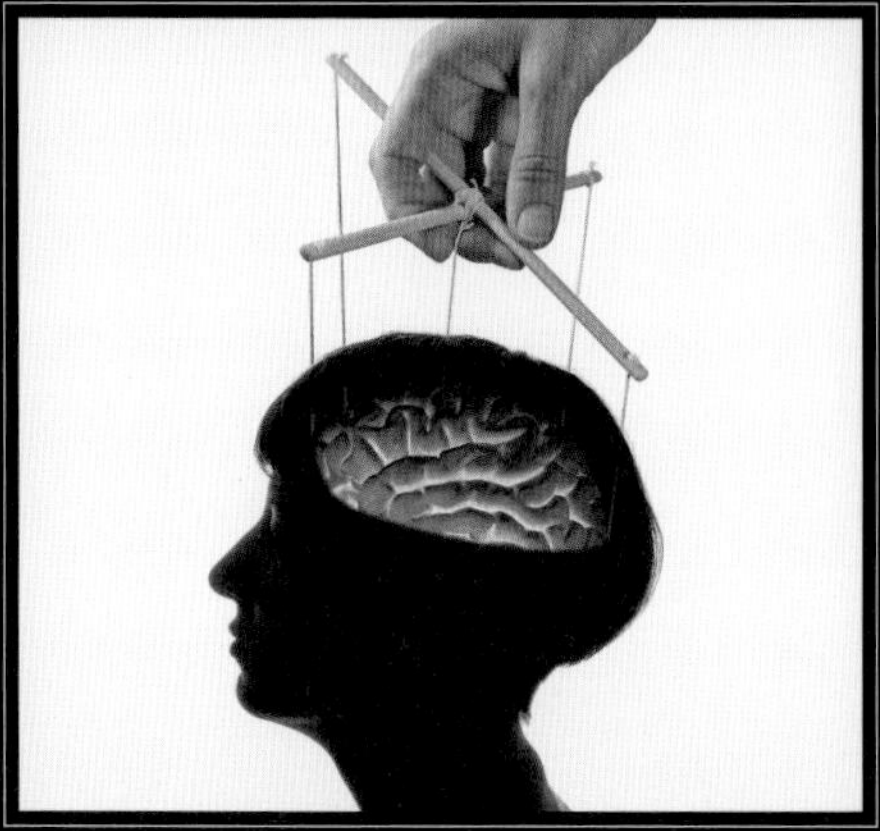

マインドコントロールは、意思決定を強制したり、誘導したりするものだが、催眠術のような特別なものだけではなく、日常にも溢れている

心を操る仕組みはみんなの身近にも

自分でも気が付かないうちに何者かの意図で、思考や感情、行動を操作されてしまう。人の心を意のままに操る「マインドコントロール」と聞くと、超能力のように感じますが、**私たちの思考や行動は普段の暮らしの中でも絶えず何かの影響を受けています。**

憧れのインスタグラマーが身に付けているものが欲しくなったり、映像で食べ物を見たら食べたくなる『飯テロ』なんかもありますよね。昨日買った服、今日のランチ、スマホの買い換えタイミングや今読んでいる本、すべて自分の意思で選んだと思っているかもしれませんが、実はそれを売りたい企業や人に巧みに誘導されている可能性があります。「マインドコントロール」や「洗脳」とまではいかなくても、**人間は意識と無意識に入り込む情報で簡単に操られてしまう危険がある**のです。

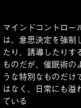

潜在意識に訴えかける サブリミナル効果

1957年、アメリカ・ニュージャージー州である市場調査が行われました。映画の上映中、スクリーンに「コーラを飲め」「ポップコーンを食べろ」というメッセージを5秒間隔、1回につき1／3000秒という目でとらえられないほど一瞬だけ表示するというものです。上映後、コーラは18・1%、ポップコーンは57・5%の売上増。この実験の結果「サブリミナル効果」が広く知られるようになったのです。

サブリミナル効果はその効果を疑う研究も多くなされているが、認知できない情報を意図的に流すこと自体を各国が規制している

サブリミナル効果については、その効果を否定する研究結果もあるのですが、1970年代にはアメリカやカナダ、1990年代には日本でも広告や放送に使うことが禁止されているという事実があります。

サブリミナル効果は意識と潜在意識の境界ギリギリに刺激を与えることで、人間の防衛反応をくぐり抜けて、その人の意思とは関係なく行動を誘導できるといわれています。

コーラやポップコーンを買いたくなるというマインドコントロールは、企業の利益のために消費者の心を操作するという意味で悪質ですが、これが別の目的で使われていたらと思うとゾッとしませんか？　もっと恐ろしい指示、例えば**世論の誘導や、戦争、暗殺など、本人が意図しない行動、誰かの意思に従うような行動を強制させることができるとしたら**……。

ヤバい秘密

闇に葬られた「MKウルトラ計画」

CIAが実際に行っていた洗脳実験

被験者の同意なく行われたCIAの洗脳実験

1953年、当時CIAの長官だったアレン・ダレスの命令であるプロジェクトが発足しました。コードネームは『MKウルトラ』。この計画は、朝鮮戦争時の中国による米軍捕虜の洗脳作戦、それ以前にまことしやかに語られていたドイツ軍による拷問やマインドコントロールの研究に端を発した極秘プロジェクトでした。

秘密の管理は徹底されていて、実験に関わった人でさえ真の目的は知らなかったといわれているので、断片的な情報を集めた説ばかりなんですが、一説によると、**偽の広告で市民を被験体にし、電気ショック、脳外科手術、薬物投与などさまざまな方法を試し、その人の行動を制御する方法を探っていた**というのです。

CIAといえば、アメリカの対外諜報《ちょうほう》機関ですから、当時の敵国である東側諸国でのスパイ活動、捕虜からの自白証言など、もしマインドコントロールが自由に使えれば情勢を有利にできる場面はいくらでもあったわけです。

実験は当初、刑務所、病院、大学で行われていたとされています。人権的に弱い人たちを集めて、LSDなどさまざまなドラッグを投与し、電気ショックや脳手術を受けさせられ、その後の行動の変化のデータを取っていたとか。本当だったら怖い話ですが、このデータをもとに、何も知らない一般市民に、同意も得ず実験を広げていったということですから、いかにこの実験が非人道的なものだったかわかりますよね。

実際にこんな実験が行われていたなら、被害者がいるはずです。当時のアメリカでは、実験によって精神障害を発症したり、自ら命を絶つ人が出たといいます。被験者や家族たちが連邦政府を訴えた例はありましたが、**当時極秘プロジェクトだったＭＫウルトラ計画が公に認められることはなかった**のです。

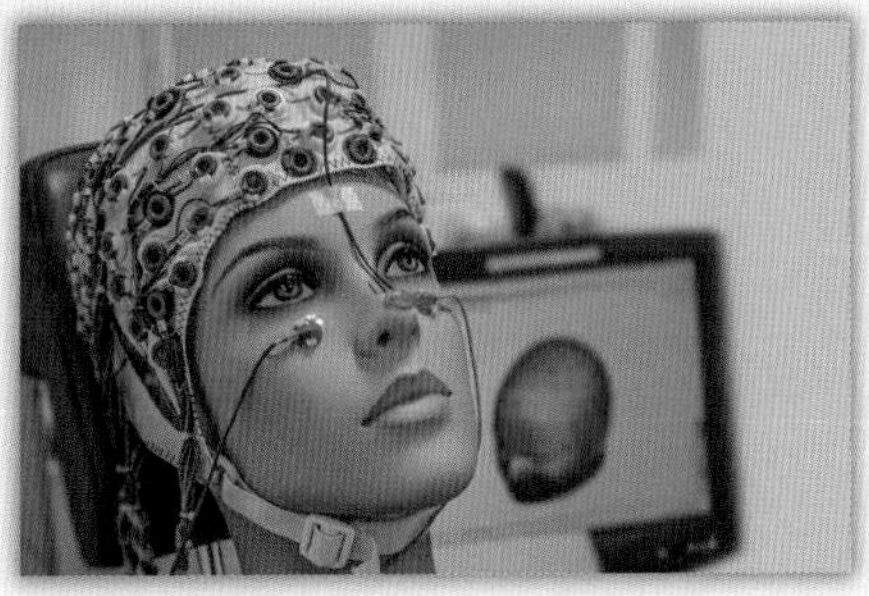

さまざまな洗脳方法を試したとされるＭＫウルトラ計画は、１９６０年代に「失敗のうちに終わった」とされているが果たして真相は？

報道で明らかになった計画 しかし真相は闇へ

ＭＫウルトラ計画は１９６０年代後半まで続き、その後はＭＫサーチと名前を変えて１９７２年まで継続されたそうです。

極秘計画がなぜ知られるようになったのか？

１９７４年、ニューヨーク・タイムズが、合意に基づかないマインドコントロール実験を指示したＣＩＡに関する記事を発表したことで、実験の存在が世間に広がることになったのです。

こうした報道で批判が高まり、ロナルド・レーガン大統領在任時に「人間を対象とした研究には、対象者が何に同意しているかを正確に説明する」という法的文書に署名し、非人道的な実験を行わないことを約束させられました。しかし、それ以前に何が起きたのかについての公文書、証言などは闇に葬られたままなのです。

Chapter 3
まとめ

世の中を便利にする最新テクノロジーは みんなを管理するために 進化し続けているのかもしれません。

携帯電話の登場からスマートフォンへの進化は、わずか30年の変化とは思えないほど、劇的にみんなの生活を変えました。携帯電話が登場したとき、人々は「電話を持ち歩いてまで話すことはない」と冷ややかな目で見ていたといいますし、スティーブ・ジョブズが初代ｉＰｈｏｎｅを発表したときもＩＴ技術に詳しい人でさえ、「手のひらサイズの劣化版パソコンなんて誰も使わない」とその普及に懐疑的でした。ところが、スマホは今やなくてはならない生活必需品になり、これ一台で通話やメール、簡単なデスクワークや支払いまでも行えるようになりました。

かつては「**必要は発明の母**」といわれていましたが、発明品を使ってみてその必要性に気がつく、新しい価値観が生まれる「発明は必要の母」という逆転現象が起きています。

テクノロジーの発達は、これまで望んでもできなかったことを実現してくれるようになりました。戸籍や身分証明書を持たないために不利益を被っている人のために、スマホさえあればそれが身分を保障してくれる。もっと技術が進めば、スマホなどの端末がなくても指紋や虹彩、生体認証で個人の特定ができる。そのために必要な高速ネットワーク網も5Gや宇宙インターネットの技術で解決できてしまいます。一ユーザーとしてはスマホや家電が進化して生活が便利になることは大歓迎ですが、**技術にすべてを管理されてしまうような社会の到来は警戒すべき**です。『ID2020』は基本的には人道的なプロジェクトですが、使い方によっては監視社会、管理社会を後押しする技術になり得ます。日本では、豊臣秀吉が太閤検地を行い、そこに住む人の数などを正確に把握できるようになったと教科書で習いますが、**そもそも、年貢を正確に徴収する、兵力となる民の数を把握するという目的**があったことを忘れてはいけません。

日本政府がムーンショット目標で掲げているように、人類はやがて、**物質的な肉体から解放され、サイバネティック空間でアバターを使って活動するように**なるでしょう。そのとき、人間の肉体や魂への考え方は今とは大きく変わっていると思いますが、**大切なのは自分の意思です**。時代が変わり、アイデンティティの持ちようが変化しても、古くから世界中の支配者が研究してきたようなマインドコントロール、洗脳に屈しないことが技術の発展の必須条件ですよね。

肉体が重要じゃなくなるとか、未来のサイバーな話になりすぎましたが、ハイテク技術でなくてもみんなの心を操ろうとする誰かの作為はつねに身近にあります。情報が重要な武器になる現代では、みんなの個人情報も金のなる木だったり、あなたを攻撃するための手段になりかねません。この作為にだまされないためにも、**新しい技術が登場したときはその技術が自分にとって本当に必要なのか、どんなメリットがあってどんなリスクがあるのか**を十分に考える必要があります。

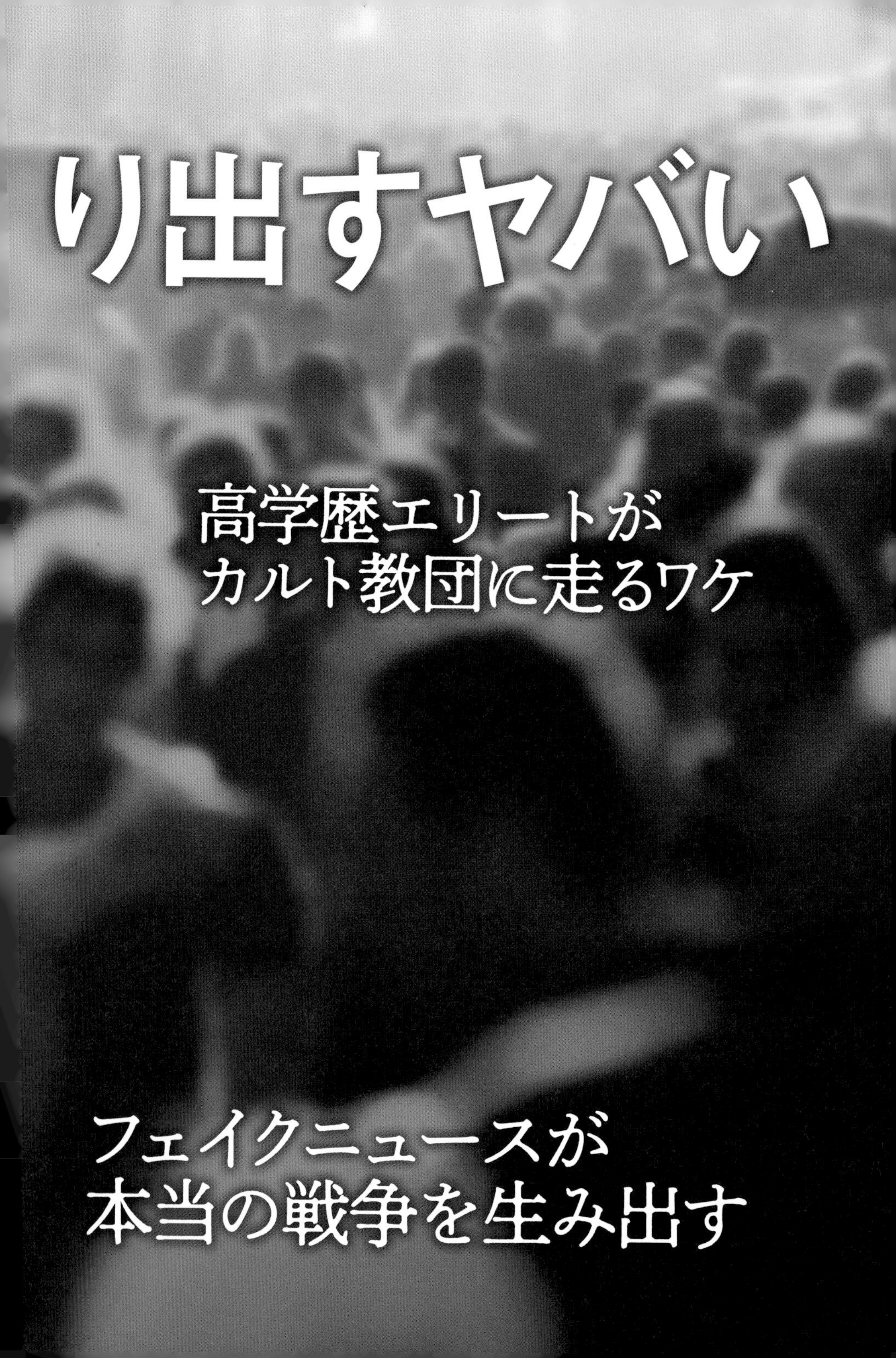
り出すヤバい
高学歴エリートが
カルト教団に走るワケ
フェイクニュースが
本当の戦争を生み出す

Chapter 4

人心がつく集団心理

自殺は伝染するのか?

当たり前に行われていた

日本の情報操作

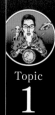

トンキン湾事件

すでに得ている情報で物事を判断しがちなのは全世界共通。メディアはすべての情報を伝えているわけではなく、そこに何らかの意図があったとしたら、人々を誘導する装置にもなり得る

パンデミックより怖い「インフォデミック」

アメリカの大統領選挙やパンデミックをめぐる報道、SNSを見ていると、**マスメディアの報道に疑問を持つ人が増えてきているな**と感じます。テレビや新聞のニュースは、日々の出来事や事件、世界情勢などを正確に、事実に忠実に報道している前提で見られていますが、世界がより複雑になり、たった一つの真実を断定するのが難しくなった現在、**メディアの報じる真実は「ある一つの立場から見た真実」にすぎないことを意識する**必要があります。

「インフォデミック」という言葉が話題になったように、情報はウイルスのように人々に感染し、広がっていきます。**一人の思考は小さなものですが、それが集団になると世論になり、国や政治、世の中を動かすような力になる。裏を返せば権力者が世論を操って、自分たちのやりたいことを実現させることも可能**なのです。

フェイクニュースが発端? ベトナム戦争のきっかけ

世界を二分し、多くの戦死者を出したベトナム戦争。民間人の死者が約200万人ともいわれる悲惨な戦争のきっかけが、ねつ造だった?

アメリカを中心とする西側諸国と、当時のソビエト連邦を盟主とする東側諸国の代理戦争になったベトナム戦争は、**正式な宣戦布告がなされていない戦争**でした。その始まりには諸説あるのですが、南ベトナムを支援したアメリカ軍が介入した1964年が発端であるとする説が有力です。

1964年に何が起きたか? 舞台はベトナムと中国・海南島に挟まれたトンキン湾。巡視中だった米軍の駆逐艦が、魚雷艇の攻撃を受けました。この反撃としてジョンソン米大統領は現地での米軍の戦闘行為に対する権限を議会に求め、ベトナムは本格的な戦地となりました。

米軍が攻撃された地名をとって「**トンキン湾事件**」と呼ばれるこの事件は、「**アメリカが先制攻撃を受けた」とメディアで広く報道され、ベトナム戦争へのアメリカ介入の大義として世論の支持を集めました。**

しかしその後、**トンキン湾事件に誇張やウソがあったことが明るみに出ます。**そもそも戦争の根拠となった襲撃の信憑性が疑われたことで、ジョンソン大統領に総司令として全権を委任した決議も1970年になって取り消されました。ベトナムの人たちにとっては本当に「いまさら」って話ですけど、このときアメリカでは反戦運動が一気に盛り上がったそうです。

ヤバい秘密

第二次世界大戦と大本営発表

他人ごとじゃないメディアによる先導と洗脳

日本人も洗脳されていた？ 大本営のフェイクニュース

戦争とか世論の誘導とか聞くと、どこか遠い国のような話のような気がしますが、**第二次世界大戦中の日本は、メディアによる情報操作が当たり前に行われていました。**

「大本営発表」という言葉を聞いたことがあるかもしれません。大本営は第二次世界大戦当時の日本軍の最高司令機関のことです。戦況の悪化を国民に知らせず、戦果を水増ししたり、都合のいい情報だけを流したりしたことから、権力者が信用できない情報を流すことを「大本営発表」と呼んで批判するようになりました。

今では考えられないことですが、このときの日本のメディアは、大本営が発表するフェイクニュースを検証することも取材することもなくそのまま流し続けました。政府と軍部が新聞用紙の供給に制限を設けたり、記者を報道班員として軍に徴発したりする施策を行ったため、主要メディアだった新聞社は、軍のいうことを聞かざるを得なかったという事情はあるようですが、**日本のメディアは軍部と一体になって、敗色濃厚な戦争を続けるため国民を〝洗脳〟することに協力した**ともいえます。

日本国民の中にはこうした情報に惑わされな

かった人もいるかもしれませんが、どの新聞を見ても同じことが書いてあったら、それを信じさせられてしまいますよね。

日本が勝っていると信じた兵士は、何の疑いも持たずに「お国のため」に散っていき、日本の国民も戦地で戦う軍人を英雄視し、自分たちの生活を犠牲にして戦争を支援しました。

全く比べものになりませんが、コロナ禍での自粛要請をきっちり守る日本人の真面目な部分、同調圧力に弱い性質がこのときも発揮されたのかもしれません。政府と軍はそれを利用して、国民の心を操ったのです。

イラクの侵攻からクウェートを救う「正しい戦争」とされた湾岸戦争。世論の支持を得るため、相手の残虐性を増幅させるプロパガンダが行われていたのか？

PR会社が演出した湾岸戦争の少女の涙

第二次大戦、ベトナム戦争を教訓に、メディアの情報操作があったら誰かが声をあげる健全な世の中になっていてもおかしくないと思うのですが、世界では相変わらず「ウソでしょ！」と思うような出来事が繰り返し起きています。

1990年、イラクのクウェート侵攻をきっかけに勃発した湾岸戦争で、当時15歳だったナイラという少女が「イラク軍兵士が保育器に入った新生児を取り出して放置した」と、涙ながらに証言。「ナイラ証言」と呼ばれるこの証言でアメリカは一気に湾岸戦争介入に傾きます。

実はこれ真っ赤なウソ。ナイラという15歳の少女は存在すらせず、**PR会社が仕込んだフィクション。ナイラ役はクウェート大使の娘が演じていたことが判明**したのです。

Topic
2

女子高生の一言がもとで銀行が破綻《はたん》？

豊川信用金庫事件

SNSの登場で、うわさやデマはかつてないスピードで世界中に拡散されるようになった。しかし、暗示にかかった人たちが陥る集団的錯覚はずっと昔からある

勘違いやうわさが増幅され大事件に

うわさって、だいたい尾ひれがついて、最初の何倍にもなりますよね。人から人に伝わるときに、みんながちょっとずつ勘違いしたり、話を盛ったりすることでとんでもない話になってしまう。伝言ゲームみたいなものですよね。

マインドコントロールや洗脳とは違い、**みんなの中にある潜在意識が知らず知らずのうちに増幅されて、ありもしない現実を生み出すこともあります**。最近では、何の関係もないのにコロナ禍で店頭からトイレットペーパーが消えたり、食料品が品薄になったりということがありましたよね。必要なものが手に入らなくて困った人がいたので、デマやうわさが実害をもたらした例ともいえます。

過去にはうわさ話が集団パニックを引き起こし、金融機関の取り付け騒ぎに発展した事件が起きています。

女子高生の一言が取り付け騒ぎに

1973年12月、愛知県の豊川信用金庫で短期間に20億円もの預金が引き出される取り付け騒ぎが起きました。豊川信用金庫に経営破綻になる兆しは全くなかったため、警察は信用棄損業務妨害で捜査を始めます。捜査の結果、**原因はなんと「女子高生の勘違い」**だったのです。

事件の発端は、豊川信用金庫に就職の決まった女子高校生と2人の友人の会話でした。友人は、銀行強盗が来るかもしれないことを念頭に「信用金庫は危ないよ」と就職が決まった女子高生をからかいます。これを真に受けた女子高生が親族に「豊川信用金庫は危ないの？」と相談したのをきっかけに、この情報が拡散されていきます。

「信用金庫の危機」は、1週間で町全体へと広がり、「預金が引き出せなくなるらしい」という新情報で不安に駆られた地域の住民たちが、一斉に預金を引き出し、取り付け騒ぎに発展したのです。

根も葉もないうわさでも集団が信じ始めるとパニックが起きるという実例です。

豊川信用金庫事件のデマの広がり方

女子高生3人	電車の中で「豊川信用金庫つぶれるわよ」と話す（8日朝）
親族	娘からこの話を聞く（8日夜）
知人	親族から相談を受ける（8日夜）
知人	町にうわさが拡がる（10日ごろ）
知人　商店	商店主が預金引き出しを家族に命じる（13日昼前）
町民	80人が貯金引き出し（13日午後）
取り付け騒ぎ	（14日）

Topic
3

ネガティブな感情は連鎖する

自殺の伝染と「ウェルテル効果」

11年ぶりに自殺者が増加した2020年

2020年は有名人の悲報が続きました。新型コロナウイルスの影響で自粛生活を余儀なくされる中、俳優やアイドル、ミュージシャンなど、多くのファンを持つインフルエンサーが、自ら命を絶ったというニュースは、みなさんにも驚きを与えたのではないでしょうか。2020年は、これまで10年連続で減少していた自殺者数が11年ぶりに増加に転じた年になりました。

有名人が自ら命を絶ったことと、自殺者が増えたことに直接の因果関係があるとはいい切れませんが、過去の研究から**自殺報道が繰り返されると、人々がネガティブな感情を持ち、自殺衝動に駆られやすくなる**ことがわかっています。WHOが「自殺報道ガイドライン」を定め、メディアに報道のあり方を示しているのは、こうした負の連鎖を防ぐためでもあるのです。

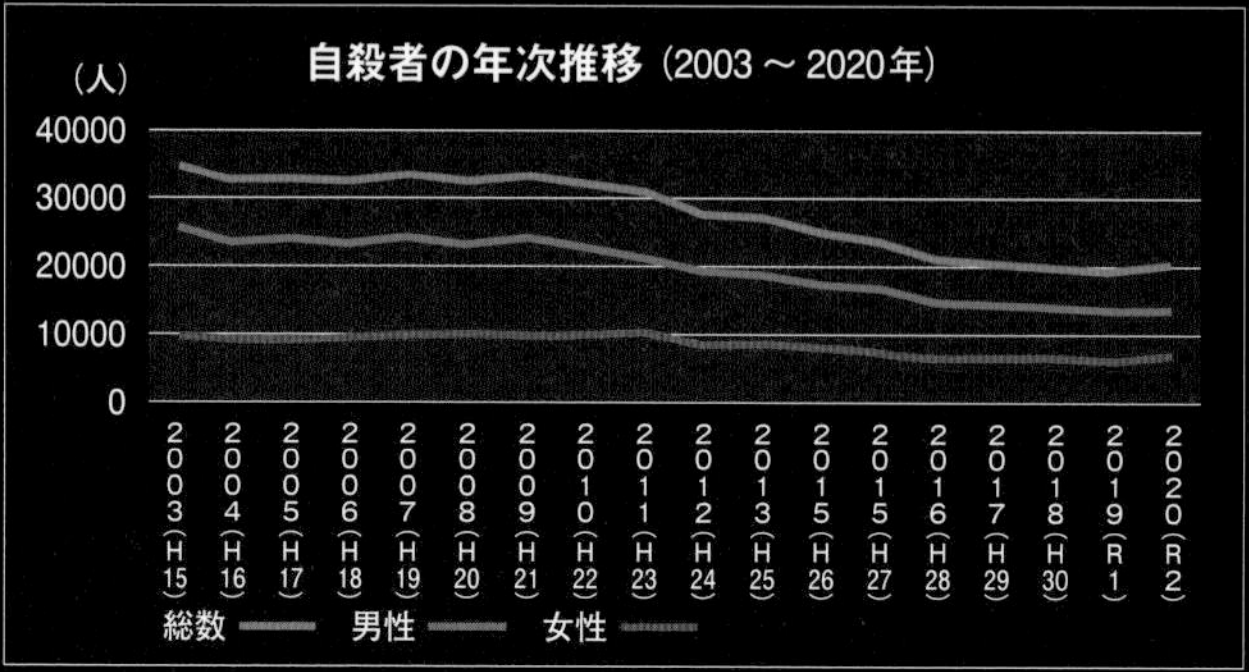

2020年の全国の自殺者数は、リーマンショックを受けた2009年以降初の増加となった。特に増加したのが女性の自殺者。前年比935人増の7026人と大幅に増えた（警察庁「自殺者数」統計データを基に作成）

欧州に多数の自殺者を生んだ『若きウェルテルの悩み』

1774年に刊行されたゲーテ著『若きウェルテルの悩み』は、主人公、ウェルテルの最期を模倣し自死を選ぶ若者が急増したため、発禁処分とする国もあった

有名人の自殺、またはその関連報道が自殺の連鎖を呼ぶ現象には、実はきちんとした名前がついています。『ウェルテル効果』と呼ばれるこの現象は、**ゲーテの『若きウェルテルの悩み』の結末を読んだ当時の若者たちが、物語の主人公と同じ褐色の長靴と黄色のベスト、青色のジャケットを身に着け、同じ方法で自殺を図る例が相次いだ**ことに由来しています。

1974年にアメリカの社会学者、デビッド・フィリップスが、著名人の自殺報道が多ければ多いほど、これに関連する自殺者が増えるという「自殺の伝染」の仮説をデータで検証し、「ウェルテル効果」と名付けたのです。

2020年に突如世界を襲ったパンデミックは社会全体に閉鎖的な空気を蔓延《まんえん》させました。パンデミック、ステイホームによって人との関わりを失い、孤独を感じたという人も多かったと思います。**心理学では、人間はポジティブな感情より、ネガティブな感情のほうに共感しやすく、影響されやすい**といわれています。ウェルテル効果による悲劇の伝染を食い止めるためには、メディアがガイドラインをしっかり守って、過度な報道を避ける必要があるのです。

Topic 4

宗教は洗脳のツール？

暴走するカルト教団

本来、「カルト」は宗教的な儀礼や祭祀《さいし》を表す言葉

特定の宗教を信仰している人が少ないといわれる日本人にはピンとこないかもしれませんが、宗教はときに国家同士の衝突を引き起こし、戦争の原因にもなり得ます。宗教の中でも、反社会的な活動、犯罪行為を行うものを特にカルト教団と呼びます。もともとカルトは、宗教的な儀礼や祭祀を表す言葉で、特に悪い意味はなかったのですが、現在はカルト＝悪い宗教という認識が定着しています。

世界各地に見られるカルト教団の中でも**特に危険視されているのが、多くの宗教にある終末論を根拠に武装したり、信者以外に危害を加えたり、集団自殺を試みたりする破壊的カルト**の存在です。

日本にも地下鉄サリン事件を起こしたオウム真理教の例がありますが、１９７８年のアメリカでは９００人超が集団自殺をする衝撃的な事件が起きています。

祈りを捧げ、救いを求める人々の心を利用したカルト教団の暴走は、世界中で危険視されている

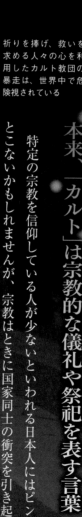

破壊的カルト教団の暴走 ジョーンズタウン大虐殺

１９７８年11月18日、ガイアナ共和国ジョーンズタウンでキリスト教系新興宗教、人民寺院の教祖と家族を含む９１４人の信者が自殺するという事件が起きました。

教祖であるジム・ジョーンズは教団が世間の批判を受けるようになると極端な陰謀論を信じるようになり、FBIやCIA、アメリカ政府を敵視するようになった

１９５６年にジム・ジョーンズによって創設された人民寺院は、社会的弱者を救済する団体としてメディアに華々しく登場しました。善行で多くの信者を集めた人民寺院は社会主義的国家を理想とし、１９７３年にガイアナ共和国政府から未開拓の密林地帯を借り受け、ジョーンズタウンと名付け、教団の本拠にしました。

奇跡を謳《うた》ったヒーリングパフォーマンスなどで、信者から神聖化されていったジョーンズは、自分以外の人間の教団内での性行為を禁止、教義に異を唱えるものには集団リンチを加えるなどの方法で人々を洗脳していきました。

脱会者、親族の告発で人民寺院に疑いの目が向けられますが、信者たちは米下院議員を含む調査団を襲撃、なんと殺害するという暴挙に出ます。この事件を引き金に、ジョーンズは信者を自殺へ誘導、自身も拳銃で自殺しました。

マインドコントロール下にあった信者たちは、自ら毒を飲んで死んだそうですが、自殺を強要されたことから、現在では集団自殺というより大虐殺として受け止められています。

ヤバい秘密

オウムの洗脳支配

なぜエリートたちが簡単に？

未曾有のテロ事件を起こしたオウム真理教

日本の破壊的カルト教団といえば、**地下鉄サリン事件などのテロ事件を起こしたオウム真理教**が有名です。１９９５年の地下鉄サリン事件発生時には生まれていなかった人もいるかもしれませんが、アメリカ育ちの僕でも大ニュースとして知っていたくらい世界でも有名な宗教テロ事件です。

オウム真理教の教祖は、麻原彰晃こと、松本智津夫元死刑囚（２０１８年死刑執行）。ヨガ教室からスタートし、さまざまな宗教の教義を取り入れオウム真理教を開設、「最終解脱《げだつ》者」として信者の絶大な支持を集めることに成功します。ロシアやスリランカにも支部を持ち、国内には1万人の信者がいたとされるオウム真理教は、次第に破壊的カルト教団へと変貌を遂げていきます。

教祖である麻原はドイツやロシア、中国、アメリカで研究されていた拷問や洗脳、催眠技術に強い関心を持っていたそうなんですね。有名なPSIと呼ばれる電極付きヘッドギアは、「麻原の脳波を再現した電流を流し、脳波を同調させるもの」という触れ込みで、信者たちは１００万円で購入するか、月10万円でレンタルするかして使用が義務づけられていたそうです。

ＰＳＩは実在する電気治療で、豚の頭部位に電流を流し従順にさせる目的で使用されていました。**麻原は世界のさまざまな技術を取り入れ、信者を洗脳、意のままに操る方法を追求していた**と考えられます。

１９９０年の衆議院選挙出馬、惨敗前後から国家転覆計画を進めたオウム真理教は、坂本弁護士事件、松本サリン事件などを経てついに無差別テロ、地下鉄サリン事件を起こす

標的となった高学歴のエリートたち

最終的に白昼の地下鉄駅構内で化学兵器のサリンを撒くという無差別テロ事件、地下鉄サリン事件を起こしたオウム真理教は、多くの高学歴信者が幹部としてさまざまな役割をこなしていたことが知られます。

東大をはじめ有名大卒の医者、弁護士、理系の研究職、頭のいいはずの彼らがなぜ、麻原彰晃という虚像を信じ込み、多くの罪のない人の命を奪うような事件を起こしたのか？ 真実は本人たちにしかわからないのかもしれませんが、科学では説明できない宗教的な思想を正論通りにはいかない世の中の不条理に重ね、高学歴だからこそ現状に不満を持っていた信者の心の隙間に麻原が入り込み、マインドコントロールに利用したのではないかといわれています。

Chapter 4

まとめ

みんなが思っているより人間は流されやすく、影響されやすいのかもしれません。

冷静に考えればあり得ないことなのに、ある特定の条件下では簡単に信じてしまう。ニュースで見る詐欺事件は、話だけを聞けば「そんなわけないじゃん」という設定だったり、にわかには信じられないような壮大な話だったりします。結婚詐欺師が国際的なスパイを名乗ったり、パイロットだったり、**ウソは壮大であればあるほど信じやすい**ということもありますよね。

だからといって国家ぐるみでウソの被害を訴えて、自分たちの戦争を正当化するようなことがあると、そのときはもう何もできません。今回紹介したトンキン湾事件も、ナイラ証言もそうですが、こうした**情報に触れたときにすべてをそのままうのみにするのは思考停止**ですよね。**信憑《しんぴょう》性が高いと思う情報でも自分なりにリサーチして、検証してみる**。そのニュースが報道されたときだけ注目するのではなく、**継続的に追いかけて新しい情報にアップデートする**ということが重要です。

人間の心理の不思議を現在進行形で体現しているのが、新型コロナウイルスをめぐる混乱です。ウ

イルスに対する恐怖は人間の心に付け入る隙を与える代表的な要因ですし、全く関係ないのにトイレットペーパーが店頭からなくなるといった現象は、**人々が集団になったときに一種のパニックになりやすい**という、集団心理、群集心理の表れです。いまのところ日本では「トイレットペーパーがなくて困った」で済んでいますが、**国によっては暴動や略奪、襲撃に発展することもあり得ます。**

ワクチンなどの対処法が見えてきたパンデミックより、いつ、どこで起きるかわからず一度火がつくと止めることが難しい「インフォデミック」の方が怖い場合もありそうですよね。**人間が恐れるべきは人間というのはやっぱり真理**なのかもしれません。

現在の世界を語る上で、パンデミックは欠かせない要素です。多かれ少なかれ世の中のすべての人が影響を受けていて、その多くはネガティブな影響ではないでしょうか。**気持ちが落ち込みがちなときは、さらに悪い状況のことを考えがちで、どんどん負のスパイラルにはまり込んでいきます。**２０２０年に自殺者が増加したのも、コロナ禍による失業者増、自粛によるステイホームで人と触れ合う機会が減ったことと無縁ではないでしょう。日本史上最悪の無差別テロ事件を起こしたオウム真理教の幹部の多くは、日本の最高学府・東京大学をはじめ、名だたる有名大学を卒業したエリートでした。科学的論理的思考を学んだはずの理系出身者も多く、教祖である麻原彰晃のとっぴな発言や古今東西の宗教から寄せ集めた教義になぜ騙《だま》されたのかという疑問が当時からありました。

いい影響にしても悪い影響にしても、人はつねに何かや、誰かの影響下にあります。その影響を利用しようとする悪い人たちはみんなが思うよりたくさんいて、**知らず知らずのうちにそうした人たちの思惑にはまり込む可能性は誰にでもあるのです。**

を与える

名曲『イマジン』で再注目

危険視された
ジョン・レノン

Chapter 5

人心に影響ヤバい人物

大富豪にして性犯罪者の謎の死

ビットコインは金融市場を新たに支配することができるか？

世界の億万長者が見る未来

ビル・ゲイツ

Topic 1

総資産10兆円超えの世界的大富豪

ビル・ゲイツ

OSの覇者の次の標的はワクチン事業?

世界有数の富豪になったゲイツは、2000年にマイクロソフト社のCEO職を退き、以降は慈善活動や有望技術の支援を行う

ビル・ゲイツといえば、パソコンのOSの定番Windowsを販売するマイクロソフトの創業者で、世界長者番付に毎年載ってる大富豪ですよね。総資産は10兆円を超えているといわれるゲイツは、最近では別の一面で注目を集めています。

2015年、ゲイツはTED Talksで「もし次の疫病大流行(アウトブレイク)が来たら? 私たちの準備はまだ出来ていない」と題した講演の中で**「最大の世界的危機は戦争ではなく、疫病だ」と、現在のパンデミックを予言するかのような警告を発しました。**

ゲイツがこの頃すでにウイルスに対抗するワクチン開発への支援、投資を積極化させていたことから、「ゲイツはパンデミックを知っていた」「ウイルスを仕込んだ組織の一味だ」などの陰謀論がささやかれるようになったのです。

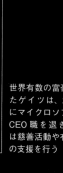

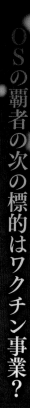

ビル・ゲイツのワクチン事業

1994年に結婚した妻・メリンダとは2021年に離婚を発表。ビル＆メリンダ・ゲイツ財団でのさまざまな慈善事業は離婚後も継続される予定だ

２０２０年のパンデミックの５年前、ウイルスの脅威について言及していたビル・ゲイツは当時、妻だったメリンダとともに設立したビル＆メリンダ・ゲイツ財団を通して、さまざまなウイルスに対するワクチン開発を支援しています。その中には、モデナ社やアストラゼネカ社の新型コロナウイルスのワクチン開発支援も含まれますが、ゲイツの利きすぎる「先見の明」が、あらぬ誤解を生んでいます。

英国の世論調査会社、ユーガブの調査では、共和党支持者の44％が「ゲイツが数十億人にマイクロチップを埋め込み、動きをモニターする口実として新型コロナウイルスワクチンの大量接種を利用しようとしている」と信じているそうです。

ＳＮＳ上ではゲイツをパンデミックの黒幕とする『プランデミック（プラン＝計画＋パンデミック）』というタイトルの動画が８００万回再生され、反ワクチン運動が起きるまで広がりました。動画は最終的に削除されましたが、ゲイツへの疑惑の目は変わっていないようです。

ゲイツはなぜ、ワクチン事業に興味を持つようになったのか？　陰謀論にあるように、何らかの計画がある可能性は否定できませんが、**突き抜けた富を手にしたゲイツが、理論的に考えて導き出した人類の脅威が未知のウイルスで、それに対抗する術がワクチンだった。**真実は何のひねりもない「いい話」だったりするのかもしれません。

ヤバい秘密

スヴァールバル世界種子貯蔵庫計画

世界の破滅に備えた現代版ノアの方舟《はこぶね》？

100年間で地球上の種の半分が死滅する

ビル・ゲイツの活動でもう一つ、要注目なのが、いずれ世界中の植物が絶滅したときのために備えるスヴァールバル世界種子貯蔵庫計画です。スヴァールバル世界種子貯蔵庫はビル・ゲイツが中心になって建設した、**将来訪れるかもしれない植物絶滅に備えて世界中の植物の種を保管している貯蔵庫**です。

「植物が絶滅？」と不思議に思う人がいるかもしれませんが、アメリカ自然史博物館の調査によると、地球の歴史上、**1万年前から現在まではホモサピエンスによる環境破壊が原因で大量絶滅がすでに起こっている状態**なんだそうです。ハーバード大学の名誉教授である生態学者エドワード・O・ウィルソンは、今後100年の間に地球上に存在するすべての種の半分が絶滅すると予想していて、植物の絶滅も現在進行で起こっている事実なんですね。

スヴァールバル世界種子貯蔵庫は、「大絶滅時代」への緊急の備えとして、北極の地下に建設されました。温度は常時摂氏マイナス18～20度に保たれ、最大450万種の種子を保存可能。**現在は約105万種の種が保存**されているそうです。

「種を絶滅から守るために保管する」という発想が、旧約聖書のノアの方舟と似ていることから、スヴァールバル世界種子貯蔵庫計画は、人類壊滅規模の大災害が起こることを知っているトップエリートたちが、自分たちが生き残った後の未来のために準備をしているという陰謀論もささやかれていて、ビル・ゲイツはこの説でも当然、黒幕として怪しまれています。

スヴァールバル世界種子貯蔵庫は、北極圏の永久凍土、ノルウェー領ながらどの県にも属さない独立行政区であるスヴァールバル諸島に2008年2月26日に開設された実在するノアの方舟だ

広大な農地を所有するゲイツ

世界の破壊と再生に関わる陰謀論の他に、スヴァールバル世界種子貯蔵庫計画にロックフェラー財団が出資していたり、遺伝子組み換え食品に積極的なバイオ企業が関与していることから、ビル・ゲイツらが始めた新しいビジネスだという批判もあります。

2021年にゲイツが「アメリカで最も農地を所有する人物」になったというニュースも、さまざまな憶測を呼んでいます。**ゲイツが所有する農地は、19州にわたり、合計面積は東京23区の約1・5倍の広さ**といいます。彼は一体何のために農地を購入しているのでしょうか？

ビル&メリンダ・ゲイツ財団を通じての農業支援が目的だといわれていますが、**広大な農地の購入に関して正式な理由を述べていないため、**こちらも多くの陰謀論がささやかれています。

Topic
2

性的虐待スキャンダルの渦中に謎の死を遂げた富豪慈善家

ジェフリー・エプスタイン

慈善家から「性的恐怖の館」の主へ

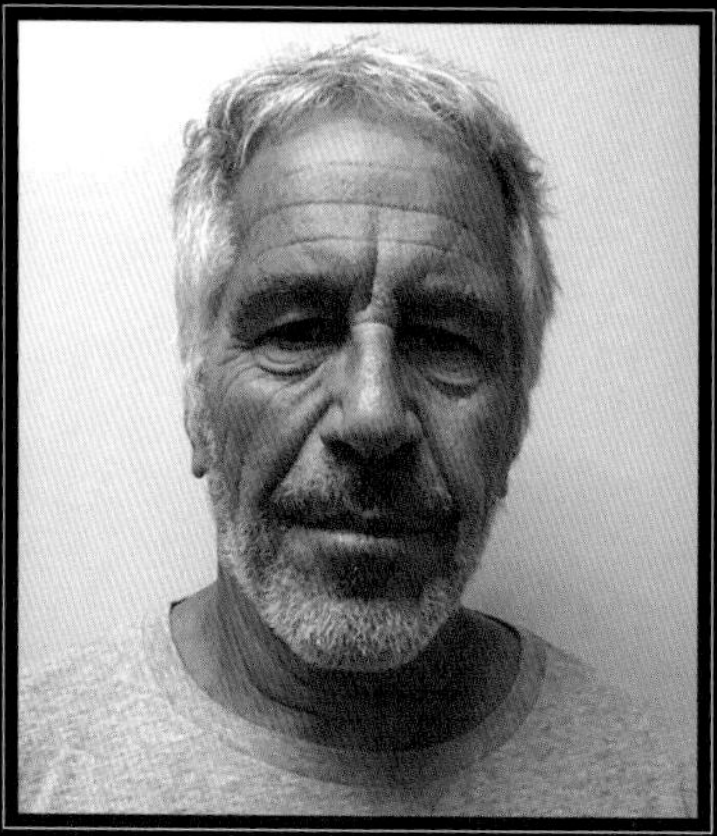

総資産数百億ともいわれるエプスタインは、名門校、研究機関に巨額の寄付をする慈善家であった。一方、ＮＹのマンハッタン、フロリダのパームビーチ、サンタフェやフランス・パリ、ヴァージン諸島に所有する別邸は「性的恐怖の館」と化していた

２０１９年、未成年者の人身取引で起訴拘留中のアメリカの大富豪、ジェフリー・エプスタインが首を吊り自殺する事件が起きます。大手証券銀行、ベアー・スターンズ出身のエプスタインは、投資、財務コンサルティングとして一流企業、有名人を顧客に持ち、莫大な資産を築いたセレブでした。慈善事業にも熱心で、成功したアメリカ人の典型のようなリッチな生活を送っていた彼には恐るべき裏の顔がありました。**２００１年頃から所有する別荘に10代の少女を招き、報酬を支払った上で性的行為に及んでいた**のです。

この売春、売春斡旋《あっせん》の被害者は欧州や南米にまでに及び、個人的な援助交際レベルではなく、売春カルテル並みの組織犯罪。エプスタインの交友関係から、「顧客」には超有名人や政治家が含まれていたとされ、一大スキャンダルに発展していくことになります。

英王室、政財界を揺るがすスキャンダル

コンサルタントとして成功を収めたエプスタインは、世界の富豪、上流階級との交流を深めていました。クリントン、トランプの2人の大統領経験者、イスラエルの元首相などと親密な関係にあったといわれ、エプスタインの自殺後には、ニューヨークの彼の自宅から出て行く若い女性を見送る英国のアンドルー王子の映像が流出し、英王室が疑惑否定コメントを出すさわぎになりました。

メトロポリタン矯正センターの外観。ここに収容されたエプスタインは、2019年8月10日に独房で遺体となって発見される

政財界だけでなく王室も巻き込んだエプスタインスキャンダル。彼の死は本当に自殺だったのか？　という疑問も生まれます。

2019年7月6日に当局に拘留されたエプスタインは、**23日に監房内で首を負傷、意識不明で発見されます。このときは一命を取り留め、自殺警戒監視下に置かれることになったエプスタインですが、6日後にはなぜか精神医学担当者がエプスタインの自殺警戒監視措置を解除し**てしまいます。

8月10日、エプスタインは再び心肺停止状態で発見され、搬送された病院で死亡が確認されました。検死官は首吊り自殺と発表していますが、エプスタインの死の直前には30分ごとの定期見回りも実施されておらず、監房の監視カメラが「たまたま」2台とも壊れていたため真相はわからずじまい。あまりに不自然な自殺という結末に、不都合な真実を口封じするための他殺説も根強く残っています。

ヤバい秘密

アメリカ最大のタブー！

権力者が欲するアドレノクロムとは？

エプスタインへのもう一つの疑惑

ティーンエイジャーを食い物にしたエプスタインの犯罪は、その規模と関与が取り沙汰された有名人のネームバリューで大きな話題になりましたが、都市伝説界ではもう一つ別の陰謀が隠されていると話題になっています。

そもそもアメリカでは、未成年者への性的虐待に対する見方が厳しく、子どもを対象とする性愛、ペドフィリアというんですけど、これはものすごくタブー視されているんです。

エプスタインスキャンダルで明らかになった

被害者は女子高生くらいの年齢でしたが、富豪や権力者にはペドフィリアのうわさが多いんです。何でも手に入る人たちは特殊な趣味を持っているのかもしれませんが、陰謀論的にはある秘薬との関係性が疑われています。

その秘薬がアドレノクロム。**子どもに恐怖を与えることで分泌される物質で、若返りや不老不死の効果があるというのです。**世界のトップエリートたちは、このアドレノクロムを手に入れることに躍起になっていて、エプスタインの所有する島にもアドレノクロムを生成する工場があった……。と、まぁこんな陰謀論があるのですが、アドレノクロム自体は普通に止血剤として使用されている物質で、日本の富士フイルムも輸入販売しているんですね。

お金と権力を手に入れた人の願いが永遠の若さや不老不死、というのはいかにもありそうですが、信憑《しんぴょう》性については疑わしそうです。

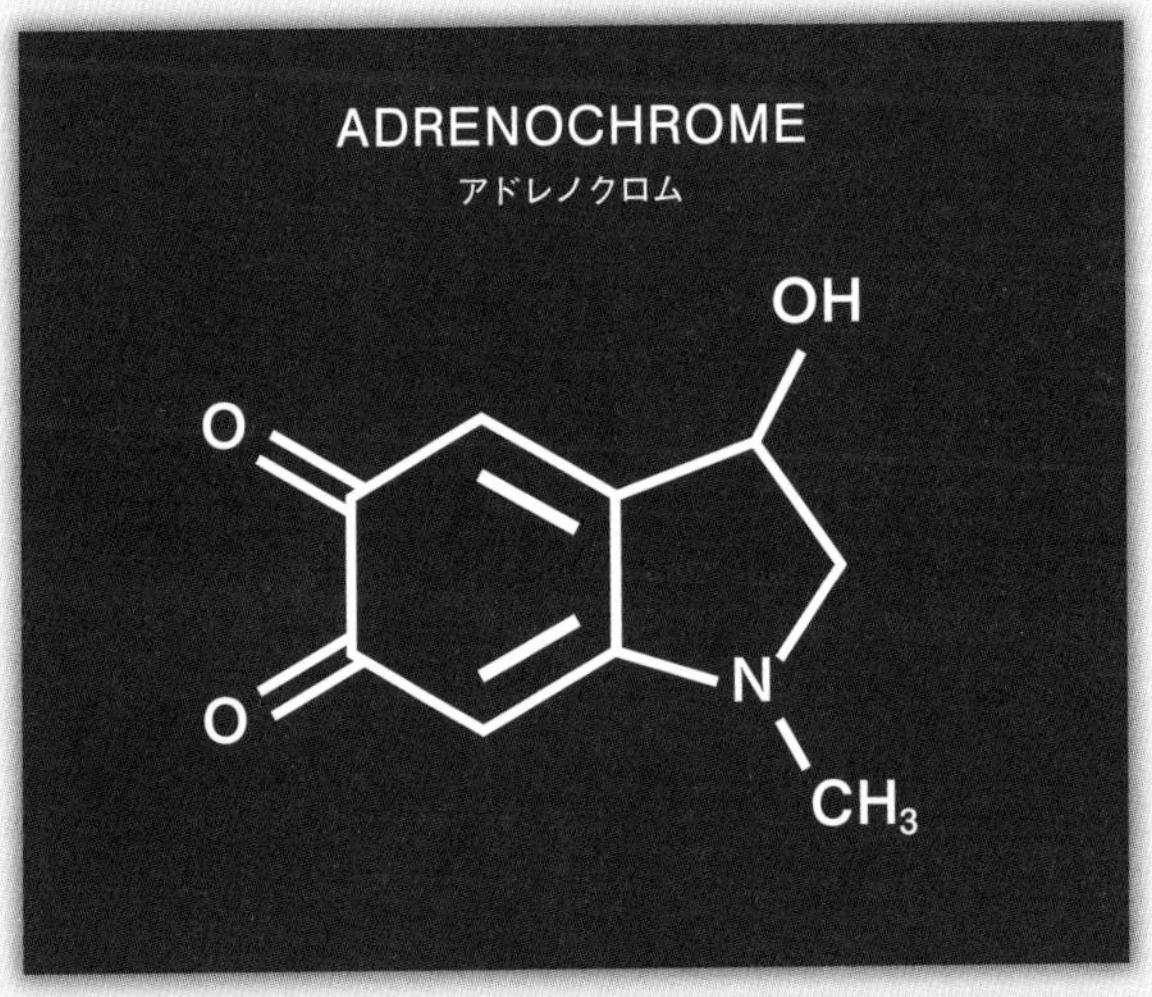

アドレノクロムは分子式 $C_9H_9NO_3$ の化合物で、止血剤として手術などにも用いられている。都市伝説界では不老不死の秘薬として有名で、映画や小説、ドラマでもたびたび登場している陰謀論の定番ドラッグだ

エプスタインは「永遠の命」を欲していた？

エプスタインとアドレノクロムの関係性が疑われた原因は、彼が慈善家として行っていた寄付活動にもありました。ハーバード大学進化生物学の教授、マーティン・ノワク氏に資金提供したり、同大学のゲノム解析の権威、ジョージ・チャーチ教授を支援しました。ほかにもマサチューセッツ工科大をはじめとする名門大学への支援を惜しまなかったそうなんです。

実はエプスタイン本人が「永遠の命」に強い関心を持ち、自身のクローンを作成しようとした説があり、実現のために故スティーブン・ホーキング博士やノーベル賞受賞者との交流を深めていたというのです。**こうしたうわさと未成年者への性的虐待、アドレノクロムが結びついて、陰謀論が生まれたのかもしれません。**

サトシ・ナカモト

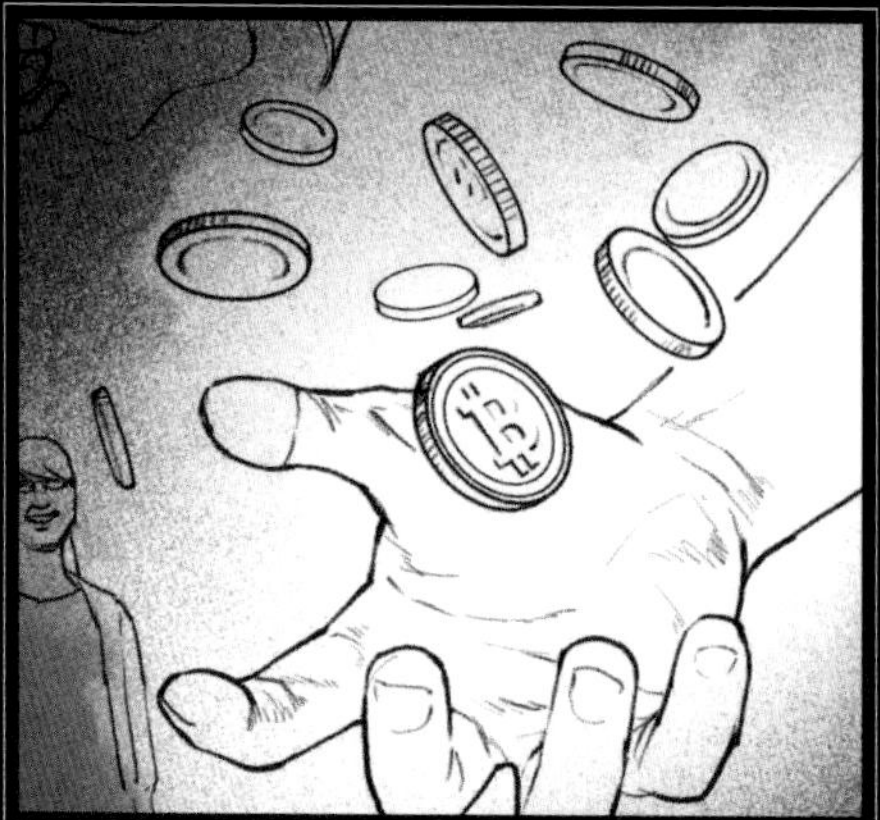

2008年に誕生したビットコインは、価値が急落するリスクがあるなど発展途上だが、円やドル以上に利便性が高く次世代の基軸通貨になる可能性がある

謎の天才プログラマーは日本人？　それとも……

通貨と金融の流れを大きく変えるかもしれない仮想通貨は、AIと並んで、21世紀最大の技術革命といわれています。

ビットコインは、仮想通貨の中で最も時価総額が高く、技術的にもここから分裂、派生したコインが多いことから、仮想通貨の基軸通貨的役割を担っています。

そのビットコインを開発したのが、サトシ・ナカモトという人物。日本人のような名前ですが、この名前が本名なのか、彼が実在するのかなどは一切不明。ビットコインの生みの親であるナカモトは、時価にすると5兆円になる約100万BTCのコインを保有しているとされ、その正体がたびたび話題に上ります。

2008年に突如現れ、わずか数年で姿を消したサトシ・ナカモトとは一体誰なのでしょう？

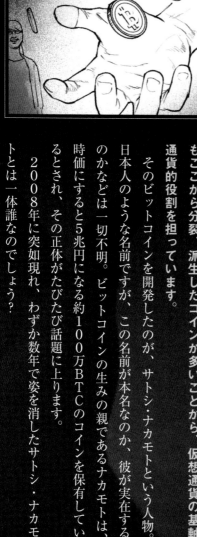

サトシ・ナカモトをめぐるいくつかの仮説

サトシ・ナカモトの正体にはいくつかの仮説があります。一つ目の説は、2014年に『ニューズウィーク』誌が報じた**ドリアン・ナカモト説**。日系アメリカ人であるドリアンは、1990年代には反権力を謳《うた》い暗号化技術を追求するメーリングリストに参加していたこと、名字がナカモトであることなどから最有力候補とされていました。しかし、彼はこれを正式に否定しているんですね。2人目の候補はオーストラリアの起業家、**クレイグ・ライト説**。ライトは、サトシ・ナカモトは自分だと主張し、証拠も提出しているのですが、誹謗《ひぼう》中傷を受け、現在はその主張をトーンダウンさせています。

三つ目の説は最初にBTCを受け取った**ハル・フィニー説**ですが、メールの文面などからフィニー説の可能性は低いといわれています。

四つ目は日本のファイル共有ソフトWinnyの開発者で、2013年に亡くなった**金子勇説**。Winnyの先進性、法権力に自分のプログラムを潰された復讐《ふくしゅう》のためにビットコインをつくったなど、さまざまな動機が語られていますが、他の三つの説同様、決め手に欠けるというのが正直なところです。

サトシ・ナカモトを検索すると最初に出てくるのがドリアン・ナカモトの写真だ。最初にBTCを受け取ったハル・フィニーの近所に住んでいたり、怪しい点が多い

ヤバい
秘密

金融市場の秩序を乱す不都合な新技術
ビットコインを殺そうとするのは誰か？

金融システムを変えてしまうビットコインは危険因子？

2008年10月31日、暗号理論に関するメーリングリストにピア・ツー・ピア型の電子キャッシュ・システムを提案する論文が連投されます。2カ月後には論文に沿った仮想通貨のソフトウェアが発表され、最初のビットコインが採掘され、翌年1月12日にはコンピューター科学者のハル・フィニーに10BTCが送金。**2010年5月22日には、現実世界での初めての買い物となるピザが10000BTCで購入され、ビットコインは通貨として機能し始めました。**

論文の発表者、サトシ・ナカモトは正体を明かさないままシステムを構築し、やがて表舞台からひっそりと姿を消しました。これだけの発明ですから、開発者はそれなりの名誉や対価を受け取ってもいいと思うのですが、もしかしたら、ナカモトには姿を隠さなければいけない理由があったのかもしれない……そう考えると違った景色が見えてきます。

ビットコインは、紙幣と違って物理的存在ではないだけでなく、**参加者が通貨をコントロールするように設計された通貨です。これが当たり前になれば、現在のお金の流通に必要な政府や造幣局、中央銀行を含むすべての銀行が不要**

になります。国境も関係なく、個人間で取引が可能になるこの技術は、現在の金融システムを支配している今の体制側、例えばロスチャイルド家にとっては、成功を妨げたくなるくらいに不都合ですよね。

サトシ・ナカモトは、ビットコインを危険因子と見なした世界金融の黒幕たちから身を守るために本当の姿を隠し、ビットコインの普及のために陰で戦っているのかもしれません。

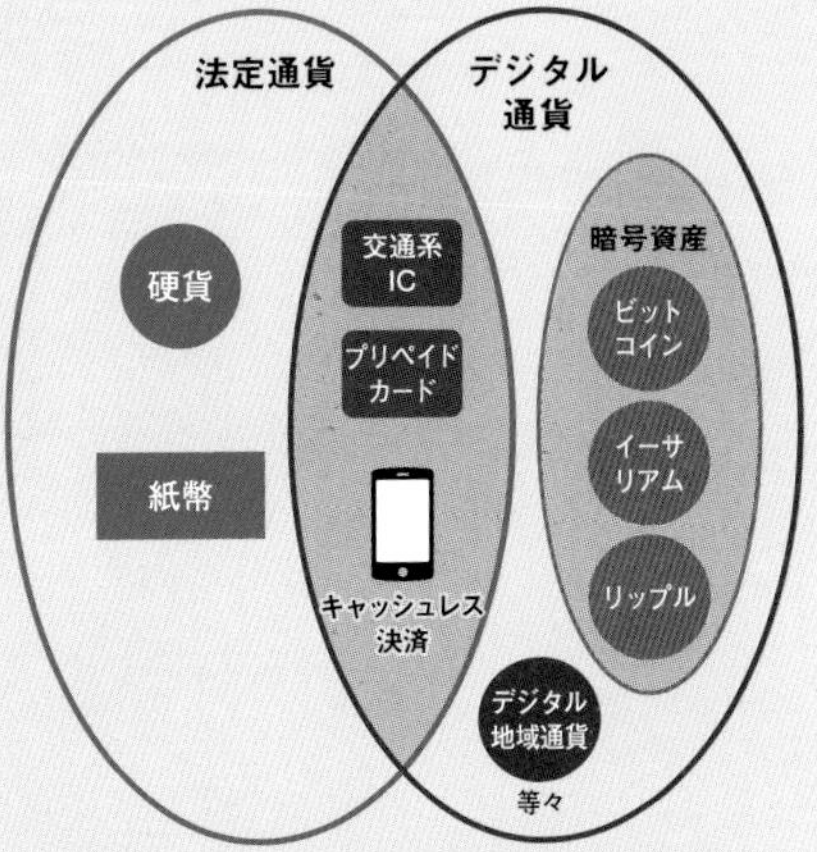

円やドル、ユーロなど紙幣や硬貨などの現物がある法定通貨に対して、ビットコインはインターネット上に存在するデジタル通貨の一つ。その中でもブロックチェーン技術で管理された暗号資産に分類される

サトシ・ナカモトは謎のまま

サトシ・ナカモトは、いろいろな説が唱えられ、ビットコインという大発明をした人なのにいまだに正体がわかっていないのが面白いですよね。**なぜわからないのか、意図的に隠さなければいけない理由があるのか、そしてなぜ日本人のような名前なのかも不思議な点です。**

論文で使用されていた英文はネイティブとしか思えないほど流ちょうで、イギリス英語の特徴が見られる。投稿された時間のパターンから、北米の東部、中部・西インド諸島や南米から投稿している可能性があるなど、残された痕跡からサトシ・ナカモトの正体を追う人は今も絶えません。今回紹介した4人の候補者の他にも、複数のエンジニアの共同名義説、そもそもいない説、すでに消されている説などさまざまな説があり、今のところ真相は闇の中です。

Topic
4

ポップミュージックを変えた天才は危険人物だった？

ジョン・レノン

ミュージシャンを越えた存在

現在も色褪せない数々のヒット曲を残したジョン・レノン。絶大な人気を誇ったまま40歳の若さで凶弾に倒れた

ポップミュージックの世界を変えたといわれるザ・ビートルズ。その音楽性を支えたギター・ボーカルを担当したジョン・レノンはシンガーソングライターの枠を越えた存在でした。

第二次世界大戦後、世界第一の大国になったアメリカは急激な変化の渦中にありました。ヨーロッパから渡ってきた人々が形成していた白人至上主義的な時代は終わりを告げ、さまざまな民族が集い、自由で開放的な国へと変化する過程で、その象徴となったのがビートルズの音楽であり、ジョン・レノンだったのです。

数々のヒット曲を世に送り出したジョンはパートナーである芸術家、オノ・ヨーコとともにベトナム戦争への反戦運動、平和運動も熱心に行いました。そのメッセージは普遍的で、現代においても強い影響力を持ち続けています。

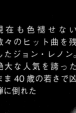

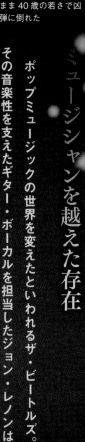

ジョンはなぜ殺された？ 平和運動と謎の死の関連性

大衆の動向を注視していたＦＢＩは、国をまたいでヒットを飛ばすビートルズ時代からジョンをマークしていたという。写真は、英・リバプールのビートルズ像。故郷での最終公演日 1965年12月5日から50年を記念して建てられた

世界の若者に大きな影響力を与えたジョン・レノンは、彼が自由や愛、平等や平和を歌い続けてきたのに反して、「熱狂的なファン」とされるマーク・デイヴィッド・チャップマンに射殺されるという悲劇的な死を迎えました。

わずか40歳で非業の死を遂げたジョンですが、この死に関連しては今もさまざまな都市伝説がささやかれているのです。

まず前提として、ビートルズ解散後は**反戦運動、平和運動を通じて社会活動家のような一面を持ちつつあったジョン**は、今でいえば、めちゃめちゃ多くのフォロワーを持つ超インフルエンサー状態でした。マリファナ2本を所持していた罪で逮捕された実在の人物のことを歌った『ジョン・シンクレア』という曲を発表すれば、通常より重い刑期に抗議が集まり、数日後にシンクレアが釈放されたり、ジョンに感化された若者がデモや暴動を起こしたり。

FBIを中心とするアメリカ政府当局は、次第にジョンを危険人物としてマークするようになったといいます。

ジョンが殺された1980年は、あと1年でジョンがアメリカ国籍を取得できるというタイミングだったことから、米国政府関与説は根強く、**犯人のチャップマンが、CIAが密《ひそ》かに続けていたMKウルトラ計画で洗脳された無自覚なヒットマン**だったなんて説もあるほどです。

ヤバい
秘密

世界から笑われた夢想家

コロナ禍で脚光を浴びる平和のメッセージ

コロナ禍で再び脚光を浴びる名曲『イマジン』

ジョン・レノンのソロ曲『イマジン』は、時代を超えて聴かれている名曲なので、耳にしたことがある人も多いでしょう。そのイマジンが、**コロナ禍にあった2020年、アメリカのダウンロード、ストリーム配信などのチャートで急上昇したことが話題**になりました。

2020年がジョンの生誕80年、没後40年の節目の年だったことから、日本でも特番が組まれるなど、注目される要因はありましたが、世界中が新型コロナウイルスの脅威にさらされ、ステイホームを余儀なくされた中で、この曲が再び注目を浴びたことには何か意味がありそうです。

イマジンは、天国や地獄、国や宗教、財産もない世界を夢想した内容の歌詞です。この曲がリリースされた当初は、熱狂的なファンはこれを受け入れる一方で、ビートルズ時代のファンや、一般の音楽ファンからは、偽善的で夢みたいな歌詞だという批判もあったそうです。

パートナーであるオノ・ヨーコとの出会いから、社会的な発言が目立つようになったジョンを苦々しく思う人もいて、ヨーコが批判されることも少なくありませんでした。

ディープステートからも危険視されていた？

イマジンをはじめとするジョンのメッセージが現代人に受け入れられるのは、**当時と現在の社会における問題が、意外と変わっていないからかもしれません。**国や宗教の違いによる争い、さまざまな格差、人種や男女差別。パンデミックの最中にイマジンの再生数が上がったのも、未知のウイルスにおびえた世界中の人たちが、国や人種、宗教を超えた連帯を求めた結果かもしれません。当時としては進歩的な思想を持ったジョンが、アメリカ政府に目をつけられたのはかなり信憑《しんぴょう》性の高い情報だと思いますが、**軍需産業と強く結びつくディープステートからはさらに危険視されたという説**があります。

1980年12月8日、22時50分、オノ・ヨーコとともにNYにあるダコタハウスに帰宅したジョン・レノンは自宅の入り口でマーク・チャップマンに銃撃され、搬送先のルーズヴェルト病院に到着後、間もなく死亡宣告された

ジョン自身も『ザ・ナショナル・シアター』という雑誌のインタビューで「**僕らは狂気じみた目的を掲げた狂気じみた連中によって支配されている**」と大きな支配層の存在を語り、「**僕らの政府や、アメリカ政府にせよロシアや中国の政府にせよ彼らがやっていること、やろうとしていることを誰かしらきちんと文字にしてくれたら**」と不安を漏らしています。さらにジョンは、「でもこんなことをいうと、僕は片付けられるかもしれない。これこそ、狂っている証拠だね」と、**自らに起こることを予想しているかのような発言をしていた**のです。

Chapter 5

まとめ

みんながよく知っているはずの有名人にもまだ知られていない別の側面があるかもしれません

ビル・ゲイツとジョン・レノン、この二人を知らないという人は世界でも少数派でしょう。でも、彼らが何をした人なのか、そのことによって自分にどんな影響があるのかを知っている人はあまり多くないのかもしれません。

ビル・ゲイツはパソコンのOSと呼ばれる基本ソフトWindowsを世に送り出した人物です。アップル社の故スティーブ・ジョブズと比較されますが、クリエイターとして創造性を発揮したジョブズに対して、ゲイツはマイクロソフト社でビジネスパーソンとして成功を収めた後、妻・メリンダとともに**ビル&メリンダ・ゲイツ財団を運営し、世界中の慈善活動や、世界に役立つ事業への投資**を行っています。**早くから未知のウイルスによるパンデミックの脅威を認識していたゲイツは、ワクチン事業にも積極的に投資、支援**をしていました。このことでプランデミックの陰謀論に巻き込まれますが、世界一ともいわれる資産を世界の未来を救うことに

使おうとしただけという可能性も十分にあります。もちろん、**がっつりディープステートの中にいるとうわさされるゲイツが、陰謀に加担している可能性もゼロではありませんが。**

もう一人の有名人、ジョン・レノンはその人となりは知らなくても楽曲を通じて知っているという人も多いでしょう。ジョンの音楽がコロナ禍の今、再び世界の共感を得て、世代を超えて多くの人に聴かれているという事実は、**彼が曲に込めたメッセージの強さ、普遍性を表している証拠**でしょう。その彼の影響力を、ときのアメリカ政府当局が恐れ、監視対象にしていたという事実は、ジョンの謎多き最期もあって、何らかの陰謀の存在を感じずにはいられません。

ジェフリー・エプスタインは、アメリカの政財界、英国王室をも揺るがせた一大スキャンダルの主人公です。彼の生前の交友関係と、その死には、まだまだ多くの謎が隠されています。**ペドフィリアの話からアドレノクロムの話が出ましたが、これはアメリカでも有名な都市伝説な割に、公に語ることがはばかられるタブー中のタブー**です。世界のトップエリートが欲するという若返り、不老不死の効果がある物質が実在しているとしたら……。今のところアドレノクロムにはそういう効果はないというのが医学的な結論です。

ビットコインを発明したサトシ・ナカモトは今後の展開によっては**ビル・ゲイツ以上の影響を世界にもたらす可能性**を秘めています。これまでの金融システムを無効にし、**ブロックチェーン技術を使って個人間で安全に取引ができるようになる未来は、世界の黒幕たちからの解放を意味するのかもしれません**し、これまで以上に全方位ですべてを監視、管理する技術として利用されてしまうかもしれません。

する

風の時代
目に見えないもの
所有できないものの時代へ

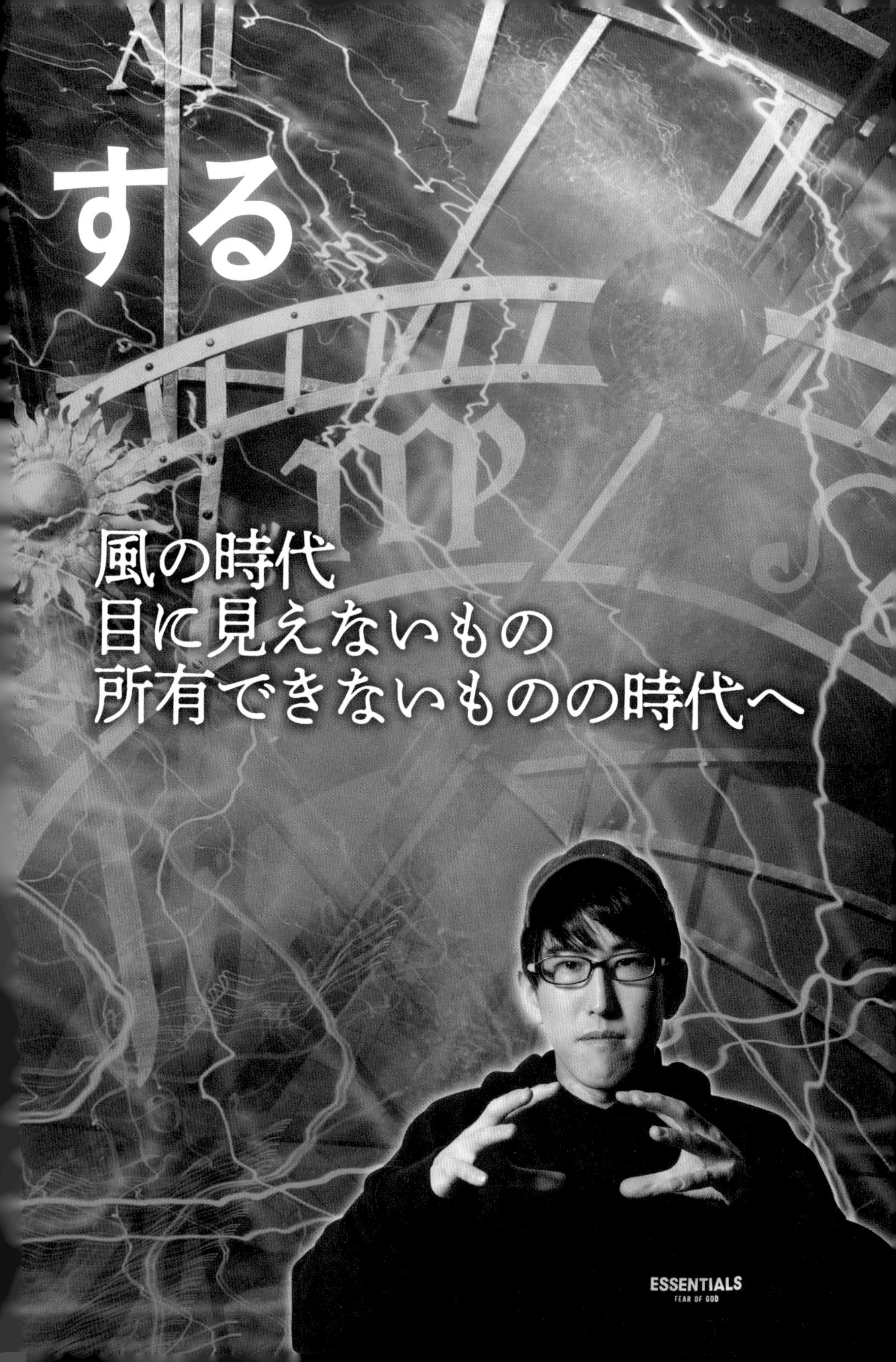

Chapter 6
人心を左右ヤバい予言

史上最大級の考古学的発見！
死海文書

ユダヤ人の不遇と
陰謀論

200年に一度の大転換期

死海文書

羊飼いによって発見された最初の死海文書は、シリア正教徒だった古物商からシリア正教会の大司教の手に渡った

史上最大級の考古学的発見

１９４６年から翌年にかけて、ヨルダン川西岸地区のクムラン遺跡の洞窟で、現地の遊牧民の少年が巻物の入ったつぼを発見しました。このつぼの中には、旧約聖書に関わる写本と思われる古文書が入っていたといい、以降、死海周辺で大量に見つかることとなる「死海文書」は20世紀最大の考古学的発見といわれています。

これらの古文書群が書かれた年代は紀元前２５０年から紀元前70年の間と推測されていて、ローマ帝国に敗れたユダヤ人の一団がクムラン洞窟に移り住んで、「クムラン教団」と呼ばれるようになった人々が記したとされています。内容は**旧約聖書の写本、詩篇、儀礼文書、知恵文書、魔術文書などが含まれ、黙示録や終末論が含まれている**ことから、死海文書を２０００年以上先の未来を予言した真の予言書と解釈する人も多くいます。

人類の最終戦争と終末を予言?

死海文書の「戦いの書」と呼ばれる文書では、光の子と闇の子による最終戦争が書かれている箇所があります。

「40年の戦争の中に、5年の前哨戦。そして、6年の準備期間の後、29年の大戦に突入し、世界は終末を迎える」

これが、911を引き起こしたアルカイダなどの国際テロ組織とアメリカ、そして世界との戦いを表しているというのです。

人が浮くほど塩分濃度が高い湖、死海の西岸に位置するクムラン洞窟は、一連の死海文書の発見で世界でも有名な遺跡群となった

アフガニスタン紛争をきっかけにアルカイダの前身となる組織が生まれたのが1978年。5年後の1983年にはアメリカが中東問題に介入を開始、この6年後の1989年にはウサマ・ビン・ラディンが組織の実権を握り、アメリカを対象にしたテロ攻撃を行うようになりました。

こうした歴史的事実を戦いの書に重ねると、1978年を起源に5年の前哨戦、6年の準備期間、ここまでは一致していて、「40年の戦い」なので2018年までがこの期間。その後にやってくる29年の最終戦争がもう起こり始めていることになります。そして2047年には世界は終末を迎える。ノストラダムスの大予言もそうでしたが、こうした終末予言は、みんなの大好物ということもあって、いろいろなフィクション作品でも引用されています。

ヤバい秘密

イスラエル・ヨルダンにまたがる古代遺跡群

今も重大発見が続く最重要遺跡群

エヴァで再注目される死海文書

2000年以上も前に書かれたものが判読可能な状態で見つかったら、考古学者じゃなくても興奮しますよね。そこに何が書かれていたとしても何か意味があるんじゃないかと深読みしたくなってしまいます。

死海文書は、さまざまな文書の断片が次々に発見されていることから都市伝説、陰謀論界ではさまざまな解釈が可能な題材としてたびたび名前が挙がります。

2021年の劇場版最新作『シン・エヴァンゲリオン劇場版』でついに26年の歴史に終止符を打って完結した新世紀エヴァンゲリオンシリーズ。この大人気アニメにも死海文書が謎の鍵を握る重要ファクターとして登場しています。作中に登場するのは使徒の襲来などを予言した「裏死海文書」と呼ばれる実在しないもので、これを発見した秘密結社ゼーレが予言に基づくシナリオに沿って、人類補完計画を進めるというものでした。

宗教の聖典などは基本的に予言書だといわれているんですが、実は**「予言」ではなく、神様からのメッセージを預かって広く伝える「預言」という意味合いの方が正しいんですね。**

預言者は神様からメッセージを伝えているだけで、それを後から解釈した人たちが未来を予見しているとして現実世界をその通りにしようと、エヴァのゼーレのような突拍子もない計画を立てたり、終末論に沿って集団自殺を図ったりと、過激な行動に出た例も多くあります。

ユダヤ教、イスラム教、キリスト教の聖地として繁栄したイスラエル、『インディ・ジョーンズ』の舞台になったペトラ遺跡のあるヨルダンなど、古代遺跡の国には、歴史の謎が多く眠っている

2021年にも新たな発見が！

イスラエル考古学庁の発表によると、**2021年3月、ユダヤ砂漠の「恐怖の洞窟」で65年ぶりに死海文書の一部が発見されました。**

死海文書がいまだに発見されていることにも驚きますけど、今回の発掘では**約6000年前のものと推定される6～12歳の少女ミイラ、1万5000年前の編みカゴも発見**されているんです。そもそもこの「恐怖の洞窟」は、1960年代の発掘調査で40体のミイラが次々に発見されたことからこの名前がついた場所。乾燥した砂漠という環境が遺跡を守っているらしいです。死海文書もそうですけど、この一帯は重要な発見、遺跡の宝庫。宗教的にも人類の歴史的にも重要なお宝がまだ眠ってそうですし、最新の技術でこの一帯を丸ごとスキャンするわけにはいかないんですかね。

Topic 2

シオン賢者の議定書

「秘密権力の世界征服計画書」は世紀の偽書か

なぜかロシアで刊行された『シオン賢者の議定書』は、その後のユダヤ人への偏見的なイメージ形成に影響を与えたといわれている

真偽不明のまま広まった議事録

世界にはさまざまな予言書がありますが、その中でもいまだに真偽をめぐる論争が絶えないのが『シオン賢者の議定書』です。『シオン賢者の議定書』は、**１８９７年にユダヤの賢者たちが集まって行った第１回シオニスト会議の内容をまとめたものだとされてい**ます。シオニスト会議はユダヤ人社会の指導者の会合で、１８９７年にはたしかにスイスのバーゼルで第一回目のシオニスト会議が開催されています。問題なのは、その会議での会話を記したとされる議定書の内容です。一冊の本にまとめられた議定書には、**ユダヤ人による世界支配の方法や、世界の人々をユダヤ教の前にひれ伏させるといった過激な会話が記録**されていました。

１８９０年代末にロシアで出版された同書は、真偽不明ながら広く読まれ、ユダヤ人の運命に大きな影響を与えることになります。

史上最悪の偽書

結論からいえば、ロシアで発行され、その後多くの言語に翻訳されヨーロッパ全土で知られるようになった**『シオン賢者の議定書』は、偽書である可能性が高い**です。

「近代シオニズムの父」テオドール・ヘルツルらが中心となって、スイスのバーゼルで世界最初のシオニスト会議が、1897年に開かれた

すでにあった宗教的対立によるユダヤ人蔑視、陰謀論にもとづいたフィクションからの引用が多く見つかり、ロシア帝国の秘密警察が関わっていたという話から、ロシア将軍の娘が父の書物を元に陰謀論に書き換えたものだという説、フランスの風刺作家、モーリス・ジョリーの『マキャベリとモンテスキューの地獄での対話』を下敷きにして、会議での会話にしたものだという説まであり、現在では創作物であるという見方が大半です。

そもそもシオニスト会議の会話を記録したものなら、記録者はいても作者はいないはずですよね。刊行者の一人で、ロシアの神秘思想家、セルゲイ・ニルスは、自身の著書『卑小なるもののうちの偉大：政治的緊急課題としての反キリスト』という本の末尾に、シオン賢者の議定書を収録したことで話題になったという背景もあり、**特定の宗教的、政治的主張を持つ人たちが、意図的に広めようとした陰謀論だという可能性も否定できません。**

『シオン賢者の議定書』は、その後の影響力の大きさから現在では「史上最悪の偽書」といわれています。

ヤバい

秘密

世界に流布するユダヤをめぐる陰謀論

「史上最悪の偽書」がなぜ議論の対象に?

宗教問題に根ざしたユダヤ人の不遇と陰謀論

後に「史上最悪の偽書」とされ、ロシアから広まり当時から創作物である可能性が指摘されていた『シオン賢者の議定書』は、なぜヨーロッパ全土に広がり、多くの人がそのぶっ飛んだ内容を信じるようになったのでしょう?

「ユダヤ人の王は宇宙の真の教皇、国際教会の総主教となる。クリスチャンは羊の群れであり、私たちは彼らにとってのオオカミだ」

これが本の内容の一節だというんですけど、たしかにこれが表に出たらユダヤ人への風当たりは強くなりますよね。この文書が世界に広まったことで昔から続いていた反ユダヤ主義に拍車をかけることとなりました。

日本ではあまり意識しないかもしれませんが、**欧米ではユダヤ人に対する偏見は根強く残っています。**世界金融の覇者、ディープステートやニューワールドオーダーのような世界を裏で支配しているのがユダヤ人だというイメージが、長い時間をかけて形成されてきました。

その始まりは宗教問題に根ざしていて、ユダヤ教と起源を同じくするキリスト教との対立が大きいといわれています。**キリスト教ではイエス・キリストを救世主としていますが、ユダヤ**

教はこれを認めていません。その後、世界的宗教に成長したキリスト教は、ユダヤ教とユダヤ人を蔑むようになったのです。

ユダヤ人が金融業に就いたのも、キリスト教が教義で忌み嫌っていた職業だったからで、職業選択の自由を奪われた優秀なユダヤ人が、金融業で成功したという皮肉な現象が起きているのです。**ややこしいのは、迫害を受けたユダヤ人が、世界を支配してもおかしくないような成功を次々と収めている点**ですよね。

救世主を受け入れることで個人が救済されるとしたキリスト教と、伝統と儀式を重視しすべての民が救われるとするユダヤ教は分離後に対立を深めることになった

シオニスト会議で語られた〝真の議定書〟が存在する？

『シオン賢者の議定書』については偽書であるという説を中心に紹介しましたが、明らかに怪しい本を信じる人が続出したのは「火のないところに煙は立たない」ということもあるかもしれません。

そもそも、議定書の元になったとされるシオニスト会議は実際に開催された会議ですし、そこでユダヤの長老たちが自分たちの未来について話し合ったことも事実です。**偽書とは別に本物の議事録がすでにあって、その中ではこれまでの歴史の流れや、それに伴った未来を提案するような内容が書かれているという都市伝説**もあります。

今後、真の『シオン賢者の議定書』が発見される可能性もゼロではありません。

Topic
3

西洋占星術の2000年に一度の大転換期

風の時代

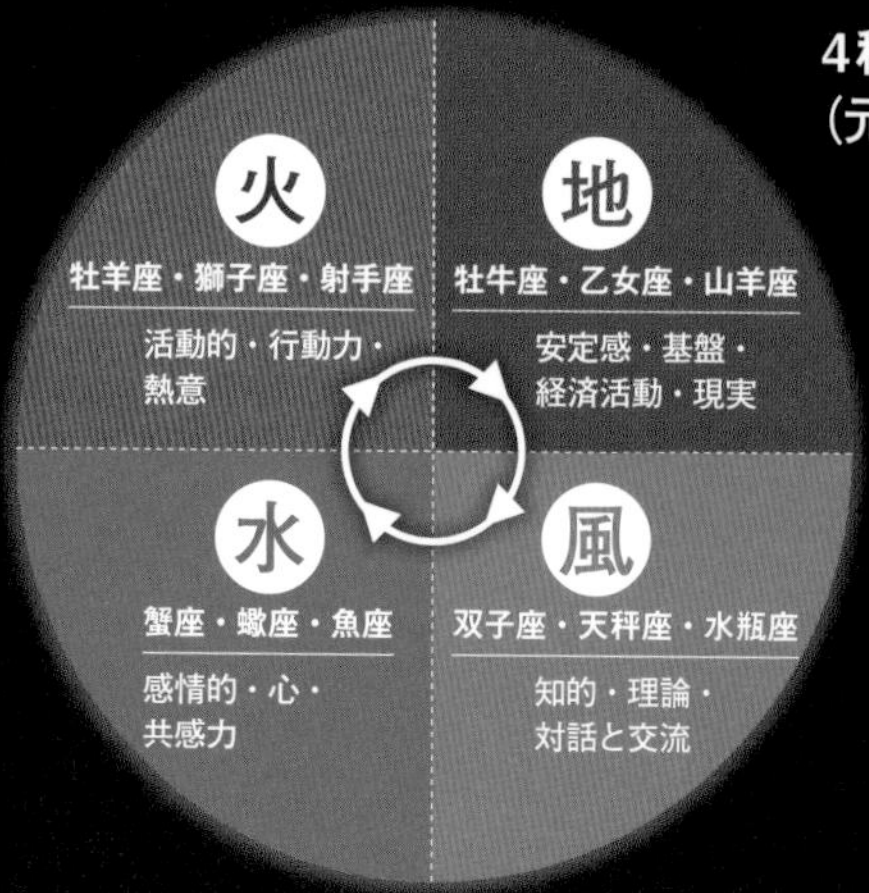

占星術では、4つの元素（エレメント）の時代が繰り返されているとされる。地の時代以前は、火の時代だった

グレートコンジャンクションが起こす変化

木星と土星が大接近するグレートコンジャンクションは、20年に一度起きる天体ショーです。そして**2020年12月22日に起きたグレートコンジャンクションは、これまで約2000年間、牡牛座・乙女座・山羊座の「地の星座」で起きていたものが、「風の星座」に属する水瓶座に切り替わる大転換期だったのです。**

すでに占いやスピリチュアル方面では話題になっている「風の時代」とは一体どんな時代なのでしょう？　これまでの「地の時代」は、物質社会。所有することが社会の基盤という時代でした。**「風の時代」は、目に見えないもの、所有できないもの、たとえば知識や情報、コミュニケーションが重要になる時代だといわれています。**

めまぐるしく変化する世界情勢もあって注目を浴びる「風の時代」について考察してみましょう。

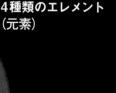

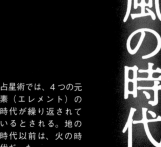

「目に見えないもの」が大切な時代に

「地の時代」は、文字どおり土地や財産、形ある物を所有することが生活の基盤になっていました。「地の時代」に切り替わった18世紀半ばから19世紀にかけては、産業革命によって社会構造が大きく変化した時代。その後、日本でも大量生産、大量消費が当たり前になり、経済発展が最優先、物質的豊かさだけを求める時代が続きました。

地の時代	風の時代
お金、物資	情報、体験、人脈
所有する	シェアする(共有)
固定	移動、流動
安定	革新
蓄積	循環
性別、国籍、国境	ボーダレス
組織、会社	個人、フリーランス
縦社会(上司、部下)、肩書き	横のつながり、友人、仲間、対等
成功、上昇	心の喜び
自力で達成	協力、助け合う
常識、既成概念	フレキシブル、斬新なアイデア

地の時代では資本主義に象徴される現実的、物質主義的な生き方が主流。富を積み重ねる「縦の社会」だった。一方、風の時代は個を大切にしながら、情報、コミュニティ、シェアのような「横のつながり」が重視される

「風の時代」では、**知性や情報、対話と交流、体験、シェア、精神性などがキーワードにあげられていて、地の時代よりも身軽で自由な生活が豊かとされる時代になるようです。**

そもそも「占星術って何だよ」という疑問もありますよね。**太陽や月、惑星などの天体の位置と人間社会のあり方を経験則や統計から結びつけるもので、古代の超文明などでは予言だけでなく、測量、建築技術にも使っていたそうです。**

分析心理学の創始者、カール・ユングも集合的無意識と占星術の関連性を研究していたそうですから、単なる占いと侮れません。

Chapter 6

まとめ

みんなの未来は誰かがつくったシナリオに沿って進行しているのかもしれません

未来について書かれた文章の中で最も有名なのが、『ミシェル・ノストラダムスの予言集』、日本では『ノストラダムスの大予言』というタイトルで知られていますよね。この予言書では、1999年7の月に人類が滅亡するという予言が有名になり、日本でオカルトブームを巻き起こしました。

このノストラダムスの予言もそうなんですが、**基本的に予言とされるものは後の人が「こういうふうに読める」と解釈したもので、ノストラダムスが世界の終末を断定的に語ったわけでも、未来を予測したといったわけでもないんですね。**

世界には未来を予測し、まだ起きていないことを書き記したとされる「予言の書」と呼ばれるものが数多く存在しています。日本語だと未来のことを予測する「予言」と、神から預かった言葉を伝える「預言」、二つの言葉がありますが、宗教と生活が深く結びついている欧米社会では、後者の「預言」

の方が一般的です。**神託を伝えるのが預言者で、預言者が書き記したものが預言書**。神から直接言葉を受け取った預言は古くからその宗教だけでなく、文明や国家に大きな影響を与えてきました。ユダヤ教には15人の預言者がいて、それぞれが自身の名前を冠した予言書を持っていました。カトリックにおける救世主、イエス・キリストも預言者とされています。また、イスラム教にも五大預言者と呼ばれる預言者が存在するといわれています。

聖書のような聖典にはそれまでの歩みとして過去が書かれ、これから歩むべき未来が神によって示されています。そういう意味では、**預言は後から当たったとか外れたとか騒ぐ予想ではなく、「そうすべきシナリオ」ととらえることができます**。なので恐れるべきは「終末の日」の日付ではなく、**その日までに世界を終わらせてシナリオを完成させようとする勢力や、具体的な動きのほうなのです**。

いま話題の「風の時代」の到来も、占星術に基づく予言の一種といっていいでしょう。ちなみにかのノストラダムスも医師にして詩人、占星術師でもありました。ノストラダムスの詩編にも占星術的な要素が盛り込まれていて、それが予言の解釈に説得力を持たせていました。古くから人類は天体の動きと統計データを組み合わせて科学的に占星術を運用していて、マヤのカレンダーで有名なマヤ文明の「マヤの予言」も占星術が元となっています。

いろいろなことを考え合わせると、新型コロナウイルスのパンデミックに揺れる今、これまでの物質的価値観が徐々に変化していくというのは、何か特別な意味があるとしか思えません。パンデミック後、世界は確実に変わったし、これからその変化はさらに加速する可能性もあります。新たな時代を生きるために、みんなも「地」から「風」へのマインドチェンジをする必要があるのかもしれません。

２０２０年からの数年は、山奥で仙人みたいな生活をしていない限り、地球上すべての人にとって何らかの変化が訪れる年になるのではないでしょうか。この一年で未知のウイルスの脅威が広がり、緊急事態宣言、外出の自粛、ソーシャルディスタンス、マスクが必須の生活が当たり前になりました。

働き方も大きく変化していて、未来の働き方とされていたリモートワークが一気に普及しました。もちろんこうした急激な変化の歪みも出てきていて、社会生活が事実上ストップしたことで、さまざまな企業が業績を落とし、国内の２０２０年の完全失業者数は前年比29万人増の１９１万人。休業者数も80万人増加の２５６万人となり、リーマンショックを上回るほどの落ち込んだ数字となってしまったそうです。

今回の場合はパンデミックがきっかけでしたが、その日まで**での常識が突然通じなくなる。これまで正解だっ**

る世界をどう生きる?

たことが、正解じゃなくなることも近年数多く見られます。現代は、不確かな時代ともいわれますが、「正解が一つではない世界」がすでに到来しています。

占星術でも語られているように、地球は大きな変化のまっただ中にあります。ヒエラルキー的社会から、個人の自由を尊重する世界へ。みなさんも最初のうちは変化に戸惑うかもしれませんが、自分の役割に気付く人々が少しずつ増えることで、社会全体が軌道に乗り、みんながお互いを尊重できるような、満たされる社会がやってくるかもしれません。

地の時代で世界を支配していた権力側の人物や組織は、風の時代が訪れることを恐れ、なんとかみんなの価値観をアップデートさせないようにしてくるかもしれません。そうした誘導や洗脳に負けないためにも、これから投げかける質問の答えを一緒に考えてみましょう。

Epilogue 毎日正解が変わ

Question 1

あなたはあなたの人生を生きていますか？

この本で紹介した洗脳社会、みなさんはどう思いましたか？「まぁ昔はこんな大変な時代もあったのかな～」と、他人ごとのように感じている人もいるかもしれませんが、**みなさんも多かれ少なかれ何らかの洗脳を受けています**。

ディープステートなど、世界を裏で操る組織は信じるけど、自分とは関係ないと思っていても、**アメリカ大統領選挙やパンデミックをめぐる世界の混乱を報じるニュースやSNSで回ってくる情報も、見方によっては誰かがあなたを洗脳しようとして発したものかもしれません**。

人間は限られたコミュニティに属していると、偏った思想を持ちやすくなります。それは決して、怪しい新興宗教に限ったことではなく、家族、友達関係、ＬＩＮＥグループ、ＳＮＳ、学校、会社など身近なところでも起こり得るのです。

学生のうちは学校や友達、自分のいるグループの価値観がすべてと思いがちです。その中で否定されたり、仲間はずれにされたりすると世の中から拒絶されたような気持ちになりますが、**世界はもっと広くて、そのグループの考え方のほうが特殊ということも珍しくありません**。学校でテストの点数が悪ければ、自分自身がダメ人間だと錯覚するかもしれません。仕事のミスが続き、毎日上司に怒られ、思い通りに行かない日常に苦悩する人もいるでしょう。SNSの投稿にバッシングや批判のコメントが寄せられ憂鬱になる人も多いでしょう。

テレビの報道に騙《だま》されないようにSNSで情報収集をする人も、否定する側の情報ばかり集め、反対の報道や意見に耳をかさなくなることもよくあることです。このように**本来は自由なはずなのに特定の箱を自分で作り、その中だけで生きている人は意外に多いのかもしれません。**

特に日本人は団体意識の強い生き物です。箱の中のみで生き続けることは非常に偏った思想を生み出し、本当の自分自身の答えを導き出すのが難しくなるかと思います。

小さい箱の中だけでみんなの人生を完結してしまうのはとてももったいないことです。すでに長い時間をかけて洗脳されてしまった考え、固定観念を変えるのは大変ですが、そこから一歩踏み出して外の世界を見てみると、自分がいた箱がいかに小さく意味のないものだったのかわかることもあります。

誰かの意見に流されたり、多数決で決まったことに従うのではなく、自分の人生を生きること。いい変化ばかりではありませんが、**せっかく世界が大きく変化している時代に生きているわけですから、この変化を利用しない手はありません。**みんなも自分が本当に求めている道、自分の人生を探す一歩を踏み出してみてください。

都市伝説や陰謀論だけでなく、みんなの身近な生活の中にも洗脳はあふれています。そのことに気づくことが、洗脳から解放され、身を守る手段なのかもしれません。

Question 2

その選択、本当に自分の意思で選んでいますか？

みなさんは自分の意思で人生を選択していると思いますか？　「自分の意思に決まってる」という人がほとんどだと思いますが、意外とそうでもないかもしれません。

みんなにも経験があると思いますが、人間は何かあると他人が気になり、他人と自分を比べてしまう生き物です。**自分がしたいようにしようと思っても、他人がやっていることが気になり、似たような境遇、環境にある人と自分を比べてしまい、その結果、自分自身を見失って本来歩むべき道から脱線してしまいます。**

考えてみれば、この世の中に自分とまったく同じ人生を歩んできた人なんているはずありません。人は生まれながらにそれぞれの個性を持っていて、その個性は比較したり、順位を決めたりするようなものではありません。

チーターと亀がスピードを競うレースをしても意味がないですよね。結果は明らかですが、亀の良さはそこにはないし、例えば水の中に場所を移せば亀が勝つかもしれません。勝敗の決め方、環境によって結果は変わってしまう。**みなさんが日々やってしまっている、誰かとの比較、他人との競争もチーターと亀の競走くらい意味のないことなのかもしれません。**

よくいわれることですが、成長のためには**他人ではなく、過去の自分と比べてどこが変わったか、何ができるようになったかが大切**です。自分を見つめ直すことが、人生を自分の手に取り戻し、分かれ道が来たときに自分の意思で選択できるようになる第一歩です。

それでも、他人にいわれたことが気になる、周囲の評価で落ち込んだり喜んだりするという人もいるでしょう。周りの目が気になるのもわかりますし、周囲の評価を客観的に、冷静に分析できれば、何の問題もありません。しかし、大抵の人は、他人の評価に振り回され、ときには他人の期待に応えることに集中してしまったりします。親からの期待は愛情の裏返しですが、それが過度なプレッシャーになったり、いつの間にか自分のためではなく、親の期待に応えるために頑張るという経験をした人も多いかもしれません。これも一種の洗脳で、そうした考えから離れたとき、**自分の人生の目標や目指す場所、答えは、自分の中にしかないということに気づきます**。第三者のことだとよくわかるのですが、自分の人生を誰かのせいにして、うまくいかない原因を外に求めてばかりいる人は、何をやってもうまくいかない〝負のオーラ〟に包まれていて、近寄りたくない雰囲気がプンプンしますよね。

人生の岐路に立ったときだけでなく、生活の中で何かを選ぶとき、「**その選択はきちんと自分の意思で選んだのか？**」を自問自答して、自分で選び取ることが大切です。

モノにしても、道にしても、自分で選んだつもりでも「選ばされている」ことが多い時代。他人と比べたり、外の世界を気にするのではなく、自分の中に基準を持ちましょう。

Question 3

世界が大きく変わったとき、どう生きますか？

世界のあり方が大きく変わり続けている今、この変化に戸惑っている人も多いかと思います。僕のところにも「**こんなの世の中では、将来何を目指したらいいのかわからない**」という学生からの相談DMがたくさんきます。パンデミックによりガラリと変わってしまった世の中を眺めていると、この先どんな未来が待っているのか、推測するのが難しいと思うのは当然です。

人間が知らないうちに洗脳され、その考えで心が支配されてしまうものに「恐怖」があります。恐怖は人間が持っているエゴの一つで、自己防衛反応とも関わっているので生きるためには必要な感情ではありますが、**恐怖が思考や選択をバグらせてしまう要因になる**ことがあります。「好きなことだけをして生きていけるかわからないから、安定した会社で働こう」という思考は、好きなことだけして稼げないかもしれないという恐怖から来ていますし、「興味があるサークルがあるけど、友達がいないから入るのやめとこう」という思考は、未知の場所に飛び込む恐怖が反映されています。

このように**恐怖を軸に人生を歩んでしまうと、消極的な選択肢しかできなかったり、本来の自分を押し込めて、思ってもいなかった道を歩む**ことになります。どうすればいいのか？　ちょっと恥ずかしいことをいうかもしれませんが、**「愛」を軸に思考し、選択していくことが大切です。**○○が嫌だから、怖いからではなく、○○が好きだから選ぶ。これこそが自分本来の意思を尊重する生き方につながります。

現代人は心より先に頭で考えすぎていて、愛より恐怖を優先させがちです。僕も脳内のおしゃべりが止まらず、超理屈っぽい脳内会議を経て、頭で選んだ答えに突き進んでしまうことがあります。しかし、**自分が持ってる最大限のポテンシャルを活かし、本当の意味で生を実感するためには、心が示す愛を軸に選択することが大切**になってきます。

「**人生の最高の瞬間は2度ある。それは生まれた瞬間と、生まれてきた理由を見つけた瞬間だ**」という名言があります。まさにそのとおりで、最初から自分の生き方を理解している人はいません。試行錯誤を繰り返し、壁や困難にぶち当たり、そこから得たメッセージを素直に受け取りながら進めば、どんな変化にも対応できるはずです。

みんなもそうだと思いますが、人生は思い通りにいかないことだらけです。スピリチュアル的なことをいえば、肉体は魂が成長するための器でしかありません。あえて3次元という制限のある世界で暮らすことで、魂はより高度の存在になるのです。**成長できていないと思っていても大丈夫。生きているだけでも魂は日々成長しています。**

先の見えない不安な時代だからこそ、恐怖に支配されるのではなく、愛を軸に選択する。恐怖より愛、頭より心を基準にすると、本来選ぶべき選択肢がおのずと見えてくるはず。

【著者紹介】
Naokiman Show
都市伝説、ミステリー、陰謀論、スピリチュアルなど、解き明かされていない謎をテーマに配信する、大人気YouTuber。クオリティの高い動画と、わかりやすい語り口で、チャンネル登録者は150万人を超える。著書に『ナオキマンのヤバい世界の秘密』『ナオキマンのヤバい日本の秘密』（ともに日本文芸社）がある。

YouTubeチャンネルURL：
https://www.youtube.com/channel/UC4IN5sizuJraSHqy99xTy6Q

【STAFF】
編集協力　ナイスク http://naisg.com
　　　　　松尾里央　岸正章
構成　大塚一樹
カバーイラスト　赤尾真代
本文イラスト　アドプラナ
カバー装丁　はんぺんデザイン
本文デザイン・DTP　清水洋子　沖増岳二
ヘア＆メイク　カスヤユウスケ（ADDICT_CASE）
撮影　フジヤブユウキ（ADDICT_CASE）
スタイリスト　櫻井賢之
校正　玄冬書林
写真協力　アマナイメージズ　PIXTA（ピクスタ）　Shutterstock

ナオキマンのヤバい人類《じんるい》支配《しはい》の秘密《ひみつ》

2021年6月10日　第1刷発行

著　者　Naokiman Show
発行者　吉田芳史
印刷所　株式会社光邦
製本所　株式会社光邦
発行所　株式会社日本文芸社
　　　　〒135-0001　東京都江東区毛利2-10-18 OCMビル
　　　　TEL.03-5638-1660［代表］
　　　　内容に関するお問い合わせは小社ウェブサイト
　　　　お問い合わせフォームまでお願いいたします。
　　　　URL https://www.nihonbungeisha.co.jp/

Printed in Japan 112210525-112210525Ⓝ01　(130005)
ISBN978-4-537-21895-4
（編集担当：上原）

※本書で紹介する内容は、世の中で語られている都市伝説の一説を紹介するものです。
事実を決定付けるものではなく、内容は諸説ございますので、予めご了承下さい。